新版

根を育てる思想

子どもが人間として生きゆくために

久保田 浩

編集協力 幼年教育研究所

新読書社

新版『根を育てる思想~子どもが人間として生きゆくために』発行にあたって

私たちは「幼年教育研究所」という名の元に、幼稚園、保育園などの現場の方々とともに、夏期に、研究会を続けて来ました。この研究会の初代所長として久保田浩先生の存在がありました。その先生が晩年に書かれた著書が、『根を育てる思想』です。

会を進めて来た仲間から先生が亡くなった後に会に加わった「若い仲間にもこの今本を読んでもらいたい」そんな声があり今回、新版としての発行を思い立ちました。

再び発行するにあたり十数年ぶりに再びこの本と向きあってみると、今、子どもへの指導や教育が、新たな取り組みに変わろうとしている日本。子ども達と共に生活を進めよう、新たな教育を進めようという方にも、「若い仲間だけでなく、多くの方に読んでいただけたら」そんな思いがあって「子どもが人間として生きゆくために」という副題をつけさせていただきました。

久保田浩先生がお亡くなりになり十年、先生にこの副題をつけて良いものかどうか尋ねることはできません。しかし先生は、大学で教鞭をとりながら、常に現場に寄り添い私たちに示唆を与えてくださり、共に悩んでくださいました。現場を、子ども達を、常に温かく見守り続けてくれた久保田先生はきっと「誰かに指示されてやるのでなく、あなた達がこうしたい、と思ってやったのなら、それでいい」そんな言葉をかけてくれるように思っています。

先生がお元気でいらした時には研究会の最後には必ず講座を開いて、子どもについて、人についてたくさんのことを話していただきました。その年の会の研究テーマを元にしながら、その方法や考え方だけでなく、時には民俗学のような、時には思想、哲学といった内容を含めてお話をしてくださった。

この本には先生の言葉がそのまま書かれています。この本を書かれた時から現在までの時間を感じる表現があるかもしれません、その思想や現場への温かなまなざしだけでなく、思慮に満ちた言葉にも、何とも言えない平仮名の使い方にも触れてもらえたら。そんな思いもあって、先生の書かれた原稿にあえて筆を加えたりせず、そのまま復刻させていただきました。

私たちが保育や教育の場に身を置いていたら、自分の保育室や教室に自己発揮できない子の存在があったら、また子育てに悩んでいる家庭があったとしたら、私たちは、真摯に向きあっていかなければいけないのでしょう。

この著書の中にある人への思いの温かさ、子どもと共に暮らすその意味の重さ、楽しさに気づいてくれるたら、きっと明日への指針になり、今はじまった新たな教育へのうねりに取り組んでいく力となっていくことを信じています。

少々厚みのある本、最後まで読んでいただくには時間もかかると思いますが、その分じっくりと自分の仕事の意味の重さ、その素晴らしさを感じ取っていただけたら幸いです。

幼年教育研究所　中村　健

新版 根を育てる思想

～子どもが人間として生きゆくために

はじめに

子どもたちは、いま、ほんとうに幸せなのだろうか。

たしかに、一見整った環境の中で、恵まれた毎日を送ってはいる。おおまかな見方をすれば、飢えている子どもはひとりもいない。手にあまるものも与えられている。過剰と思われるまでの愛情につつまれ、教育に手ぬかりはない。舗装された道路をはしるような、その日その日が用意されている。でありながら、私たちは〝問題〟を感じ、危機感を抱かないではいられないのは、どうしてであろうか。

青少年の問題が論じられる時、常にその根のひとつが、幼児期にあることが指摘される。たしかに、子どもが、どんな育てられ方をしたかは、子どもが人間として生きていく時、動かしがたいなにものかをつくることは、たしかなことではある。しかし短絡することは危険である。「幼いころにしっかりしつけておけば」という安易な考え方が、復古めいた風にのって流れてもいるし、一方では「幼児期こそすべてである」という早教育を旗印に、親子をゆさぶりもしている。もしほんとうに〝根〟であるとしたら、その〝根〟の本質を、あきらかにしなければならない。せっかちな対応では、なんの解決にもならないはずである。

こうした状態に対面して、〝保育〟にかかわる人々は、さまざまな努力を積み重ねている。これはだれも否定しないであろう。

日本の幼児のほとんどは、なんらかの形で、家庭だけではなく、さまざまな機関で〝教育〟されるようになった。どんな町や村に行っても、幼稚園があり、保育園がある。またこれに準じた施設が子どもたちのために用意されている。

そこでおこなわれている〝教育〟は、きわめて〝ゆきとどいたもの〟であると言っていいだろう。整然とした〝保育計画〟が用意され、〝発達基準〟と言われるもので、子どもたちの状態が常にはかられている。教育には科学的基礎がなければならないという主張もある。さまざまな実験データや、調査、統計で武装された教育システムもみられる。いずれも誤っていると言うのではない。

しかし、そうしたことは、ともすれば枝葉にとどまってしまいがちであることも否定できない事実である。〝原点〟が、どこかにまぎれこみあやふやになってしまうのである。それどころか、枝葉に心をうばわれるために、〝原点〟をさぐろうともしない。いまおこなわれていることは、動かすことができないことで誤りがないと考える。たとえ多少疑わしいとしても、そうしたことをあれこれ論議することは、自分たちの限界をこえることだと考えている人もいる。日々の仕事に追われているものに、そんな余裕があるはずはない――と言いきる人もいる。

こうして、教育は、子どもから遊離し、ひとつの〝ノルマ〟として、子どもたちにのしかかりはじめていくのである。

まず幼児教育の原点をみつめなおさなければならない。子どもたちが、いまおかれている状況をとらえ、その危機的状況を打開するちからをもつ教育のあり方をさぐらなければならない。そして、その上にたって〝生活〟と〝遊び〟を軸にしながら、幼児教育のありようを明らかにする努力をしていくべきであろう。

第一章では、こうしたことをおもな課題にして論をすすめていくつもりである。

私たちは、幼児教育について考え、あるいは語る時、きわめてあいまいに（ときには不用意に）〝言葉〟を使いがちである。

たとえば、こんな言い方をする。「子どもたちに豊かな経験をさせる」と。〝経験〟とはなにをさすのか、子どもにとって〝豊かな経験〟とはどんなものかは、十分吟味されなければならないはずであるが、言葉だけですませてしまい、それですべてが解決したと思いがちである。

言葉があやふやであり、その使い方が、あいまいであるということは、その事実、内容を正確にとらえていないということになる。私たちは、教育の中のさまざまな事実を、じつはさほど明確にとらえていないことに気づかなければならないのである。

第二の作業は、幼児教育にかかわって、一般につかわれている言葉——その言葉がさしている事実について、吟味していくことになるはずである。

といって、私は、そうした言葉を教育辞典的に解説するつもりはない。興味があるのは言葉の字句的なせんさくや、単なる概念規定ではない。そうした言葉が内包する具体的な事実を吟味し、明確にしながら、私たちが考えている幼児教育の体系の中に組みこみ、位置づけていけるかどうかがここでの課題なのである。

使いなれたそうした用語についた水垢を洗い落として、その本質を明らかにすることもその中にふくまれるであろうし、誤って使われているものがあれば、本来の姿にひきもどす努力も必要になってくるであろう。そのためには、迂遠のそしりをあえてうける覚悟もしている。

第三のしごとは、具体的な実践にかかわる二、三の基本的な問題について考えることである。たとえば〝教育計画〟。私自身、一〇年あまり前に、『幼児教育の計画』をおおやけにした。その時には、ああした形で、自分の考え方や、その考え方に基づいての実践の内容をまとめることが、いちばんよいと考えたのであるが、その後、若干の問題を感じないではいられなくなったのである。

ある部分の人々が、具体的な展開内容のところだけをとりだしながら、「便利で、親切な本である」と、評価しているのを知ったのである。

〝教育計画は〟、その人の（必ずしも個人をさすのではない）理念の展開なのである。その人の立場、考え方がさだかでなくて、具体的な活動はありえない。もしあるとすれば、それは生命のない模写か、ただけばけばしい夜店のペンキ絵にしかすぎないであろう。

できるだけ具体的な実践を手がかりにしながら、〝考え方〟と〝実践内容〟のかかわりを明らかにしていくつもりである。

あらためて言うまでもないことかもしれないが、教育では、常に教育する人が、問われなければならない。自らのことにかかわるので、できるだけ避けて通りたいのが本心ではあるが、それは許されることではあるまい。自画像をみつめるつもりで、やはりふれることにする。

こうしたことが、この稿の骨子であるが、私は、幼児教育のすべてをここで体系的に述べるつもりはない。いわば網の結び目にあたるいくつかを、拾いだし、それについて、できるだけ素直に自分の考えを述べるつもりである。

全貌が展望できないいらだちをおぼえる人もあるかもしれない。ある人は、私見にかたよりすぎて、客観性を欠くと評するだろう。予想されることである。

これは、あくまで、私の覚え書きである。

これは、さらに思考をすすめ、幼児教育の理念を構築していくために、歩きながら、想い、考え、そして時には言葉にしてみたことを、断片的になることをおそれずに、書きとめたことを、やや整頓してみたにすぎない。

いまの私には、こうした形をのこすことが、必要であるとともに、私の考え方を、いちばん、正直に、あらわに仲間に伝えうると思っている。

一九八三年　盛夏

久保田　浩

根を育てる思想——目次

Ⅱ　探究の視点

Ⅰ　幼児教育の原点

1　教育といういとなみ

錯覚からの出発

私たちの目の前に幼稚園がある。保育園もある。まわりをみまわすと、どの子どもも、そのどちらかに通い、〝教育〟を受けている。当然として、だれも考えてみようとはしない。これは幼稚園や保育園だけではない。学校も同じである。

幼稚園が、私たちの前に、はじめて現われた時、人々は、今のようにそれをみたはずはない。幼稚園を求め、それを創りだそうとした人々は、すくなくともなんのために、それを求めるのか、はっきり考えていたはずである。

「幼稚園には子どもを通わせるものだ」と世の親たちは考えている。深く「なぜ」など考えようとはしない。「だれもがいく」「みんながいく」ことができることは、悪いことではない。そうあるべきだというべきであろう。

幼稚園をつくり、運営している側の人々も、同じ地盤にたっていると言っていい。いまある形と内容が、そのすべてだと考え、動かすことのできない前提として、そこからすべてをすすめているのが、普通の姿である。

設置基準にかなった園舎、園庭、そして要員などの条件、教育要領に準拠した保育内容、父母たちの要求を満足させる日々の運営、看板には大きな文字で〝公認〟であることをうたい、〝法人〟であることを明示している。どこに問題があるのかとひとは言うだろう。

こうした中で、自明の理と思われていたことが、風化していく。化石化する。形だけはなんとか残りはするが、最も大切にしなければならない本質が失われてしまう。それがきわめて単純で、素朴であるだけになおさらなのである。

保育園は、現状では、幼稚園と同じものではない。しかし〝幼児教育〟の場であることにはちがいはない。保育園が〝託児〟だけではなく、子どもたちが生活し、正しく育つ場所でなければならないと意識しはじめると、背負っているさまざまな役割が、重く感じられはじめる。

保育時間の延長、0歳児保育など。おとなの立場にだけこれが傾斜しはじめると、問題はけっして単純ではなくなる。ここでも〝保育に欠ける〟と発想された、ほんとうの意味が、棚の上にさらされ、措置をするひとつの目安にしかすぎなくなってしまうのである。

言葉をついやす必要はないだろう。

子ども不在の論議、思考が、横行しているのである。

子どもの危機というのは、子ども自体が変質してしまったり、きわめて危険な状態をみせていることだけをさすのではない。子どもが見失われている。きわめておかしな話であるが教育の場の中に、生きた子どもの姿が、みいだせないことをさすのだと、私は考えている。

子どもからの出発

北原白秋が、童謡運動にはいる糸口は、長男の鉄雄が、学校にいくようになった時、「こんな歌（文部省唱歌）をうたわせたくない」と考えたことにあると、言われている。白秋がつくった歌のひとつひとつには、それをうたう子どもへの想いがあったのである。彼らがおおやけにした童謡には、さまざまな評価があるだろう。しかしそれらを超えて重要なことは、その想いであると、私は受けとめている。

歌は、子どもたちのものだ――という素朴な真実は、ともすればなおざりにされがちである。これはなにも歌だけのことではない。すべてにそうでなくてはならないのである。

ここで、自分の体験を語ることは、あまりに唐突、適当ではないかもしれないが、私にとっては、〝教育〟のいわば原風景とでもいえるものであるから、どうしてもふれておきたい。

私が、はじめてまともに子ども（小学生）にであったのは、四十数年前のことである。それまで、私は、学校は、子どもたちが勉強をしに通ってくるところであり、教育とは、その子どもたちに教科にもりこまれている内容を効果的に与えること、すくなくとも、核になる仕事はそれだと信じていた。そしてそれに忠実に対応することが、教師の仕事のすべてであると思いこんでもいた。

ところが、私が、まずぶつかったのは、鉛筆削りのための小刀の紛失事件であった。紛失というよりも、盗難と言ったほうが正確なのであろう。私の概念の輪郭の外にある出来事が、まず解決し、そして超えなければならない問題としてつきつけられたのである。

こうした出来事は、この地域では、日常的なことであると先輩は言った。その言葉のままに、うやむやにして日をすごすこともできないことではなかった。大局からみればそれでよかったのかもしれない。

またひとつの事件として、警察的な手法で調べあげて、〝だれか〟をつきとめ、徹底して戒める方法をとることも不可能ではなかったかもしれない。まわりの何人かの教師は、そうしたことでは熟達した腕をもってはいた。

しかし〝若かった〟私には、そうした手だてを考えるよりも、その出来事が、大きな衝撃であった。「なぜなのだ」「どうしてこんなことがおこるのだ」ということだけしか考えられなかった。いわばこれは禅の公案に似たものである。その解答は遥か遠くにあることがわかりながら、と言うよりもたどりつくことが不可能に近いことがわかりながら、なおこだわらずにいられない〝問い〟なのであった。

そこには、校舎がある。教育計画に従っての教育がおこなわれている。国定の教科書があり、きめられた時間割によって授業がすすめられている。教員養成機関で教育され、正規の資格をもった教師がそのしごとについている。毎日がつつがなく進行している――すくなくとも進行しているようにみえる。

しかし、子どもたちは、一握りの子どもをのぞけば、ここでおこなわれていることに、ほとんど無関心である。読み書きにも興味をしめさないし、算術や理科にもただ首をかしげるだけである。親たちも、べつに勉強させなければならないなどと考えてはいないのである。

毎日が、空転しているにすぎない。すべては、子どもたちの頭の上を素通りしているのではないだろうか。「なぜなのだ」「どうしてこんなことがおこるのだ」といううめきは、この狭間からわきだしてくるように思えてならない。

子どもたちは、何を求めているのか。この子どもたちにほんとうに必要なものは、なんなのだろうか。私は、ともかくこの子どもたちと暮らしていかなければならない。一緒に暮らしていくためには、自分がいままで抱いていた既成の概念——学校・教育にかかわる——を捨てて、素直に、この子どもたちに対していかなければならないのではないだろうか。そして、ごくあたりまえの命題から出発しなければならなかったのである。

教育は、子どもたちのためにある。学校は子どもたちのものなのだ。それがたとえ上から指示された基準にかなわなくても、定められた枠組みからはみだすことがあっても、まちがってはいない。それが、子どもたちがほんとうに求め、必要であるとしたら、そこからはじめなければならない——私が、はじめてであった子どもたちは、私にこの〝原点〟を執拗に教えつづけてくれたのである。

育てる

幼児期から、教えこもうという風潮が、日に日に強くなる。「遊ばせておけばよい」などという主張は無責任きわまる、子どもたちは教えればどこまでも伸びるのであるから、教えないということは、子どもの発達権を無視するものであり、おとなの怠慢というよりほかない。こうしたどうどうたる主張さえある。

この〝教える〟ということが、一般化され多くの人々の口にのぼるにつれて、常識の枠の中できわめて安易な考え方におきかえられ、狭い概念におしこめられ、ただ読み書きソロバン的能力を高めることが、それだと思いこまれる。

「何歳ぐらいで文字を読ませるべきか」こうしたことが、きわめて真剣にたずねられ、また論議されもする。「うちの子は、四歳なのにまだ文字が読めないが、どう教えればよいか」と思いつめた表情でたずねる母親がいる。一人や二人ではない。子どもが、木登りができるかどうかを問題にすることはあまりないが、文字や数への不安をもつ人々は少なくない。

こうした不安を助長している原因は、〝学力〟（受験学力）だけを問い〝落ちこぼれ〟〝つみのこし〟が常に問題にされるという学校教育の状況にもある。批判し、問題視する。論議はされる。しかし、これは動かしがたい現実だと一般の人々は受けとめている。

それだけではない。〝発達加速〟という言葉が、いとも簡単につかわれることがある。子どもには刺激を与えなければ、発達はみられない。有効な刺激を意図して与えるべきであるとその人々は言う。この〝刺激を与える〟ということが、安直に理解され、早く刺激を与えるべきで、それが早ければ早いほどよいし、刺激によって、子どもはより高められると声高に言う。ここからいわゆる早教育への信仰が生まれてくる。

〝教えこめば、教えこむだけ子どもは賢くなる〟ということが、呪文のように広がりつつあるのが現実なのである。

さらに〝教えこみ〟は、その支配する領域を広げていく。幼児のサッカー試合があるという。立派なユニフォームをつけた、正式のサッカー試合のミニチュア版があちこちにみられる。加盟園の定期リーグ戦もおこなわれていると言う。「順序だて、計画的に教えこめば、できます」と関係者は言う。〝教えこめばできる〟この言葉は、まさに麻薬に似ている。言葉の魅力に興奮はおぼえても、最初は、多少ためらいと疑問を感じはする。しかし何度かくりかえしている間に、虜になってしまう。それがすべてだと思いこむようになってしまうのである。〝教えれば、できる〟。たしかにできはするが、子どもたちが、おとなと同じようにサッカーができるということが、どれだけの意味があるというのだろうか。

知能開発や、一種のスポーツの英才教育的な仕方は、しばしば、功利的な考え方や、営利主義と結びつきながら、親たちを幻惑させ、子どもを窮地においこんでしまう。

教育のほんとうの姿は、こんなものではないはずである。

子どもにさまざまなものを注入し、多彩なラベルを貼りつけるような〝教えこみ〟は重圧でしかない。多量の知識や技能で身を飾りたてようとする〝教えこみ〟は、子どもをほんとうに育てていることにはなるまい。

私たちはもっと謙虚に、人間の中にあるものに目を注ぐべきである、それをひきだし、育てていくことが、われわれの本来のしごとなのである。

私たちは、障害をもつ子どもにであうことがある。こんな時、私たちは、教育の本質にたちかえることができる。

障害のある子どもを指導する時、できるだけ健常児に近づけることが、その子どもへの正しいはたらきかけ方だと考えている人があんがい多い。そうした指導例をいくつもみせられる。「こんなことができるようになった」と言う時、「普通に近くなった」という考え方をそのうらに感じて、どうにも共感することができない。

その子どもも、生きるためのなにものかをもっているはずである。それがするどい音感の場合もあろうし、直感力であることもあるだろう。すぐれた体力をもっていることもある。その子どものもっている力を、手がかりに、それを花咲かせることが、第一義のしごとだ――と、私は思っている。

私たちは、既成概念の錘をいつもつけている。しらずしらずの間に、一定の枠の中からものをみるくせがついている。そのために、見落とし、見誤ることが少なくない。

こんな話がある。

動物園に行って、ゾウをみた。

先生は、絵をかかせた。かく前にゾウを思いおこさせようと話し合いをした。

「ゾウをみてどう思った」先生はたずねた。先生は、ゾウは大きな動物だと、言わせようとした。ところが、子どもたちは「きたなかった」「じっとしていた」「耳をひらひらさせていた」などとしか言わなかった。先生の懸命の努力もむなしかったというのである。

先生が、まちがっていたのではない。しかし悲しいことには、枠の中でしか考えられなかったのである。

子どもは、もっと自由に、自分の目で生きたゾウをみ、感じていたのである。私たちはそれを手がかりにするほかに方法はないのである。外から子どもと無縁のものをもってきて、子どもたちに貼りつけ、刻みこむのではない。

はじめに〝育てる〟と言った。しかしこうみてくるとこの言葉は、正確ではない。育てるというよりも〝育つ〟と言うべきである。

子どもたちのこの育つちからを発見し、それがよりよく育つように、援助していくのが、私たちの本来のしごとだと言うべきである。

幼児教育という枠

一方には、逆の考え方がある。

正確には〝考え方〟とは言えないのだろう。漠然とした感じ方、あるいは考え方以前と言ったほうがいいのかもしれない。

そのひとつは〝まだ子どもだから〟という考え方である。こうしたとらえ方は、あんがい根深くおとなの間に浸透している。

「せめて幼稚園の間ぐらいは」と言う人がある。この人の心のうちには、学齢に達したらすべてにきちんとさせなければならない。それだけに、せめてそれまではのんびりさせたいし、自分ものんびりしたいという気持ちがあるわけである。「だから、それまでは遊んでいてもいい」とも言う。〝遊び〟を肯定し、それがこの時期には必要だという積極的なとらえ方をした上で、「遊んでいてもいい」と言っているのではない。そこには「この時期は、その程度でいいのだ」という軽視の姿勢がみられる。

この人たちは、幼児期の教育に正当な座を与えようとはしていないのである。それにたずさわる人たちを正しく評価してはいない。社会一般にも、そうした風潮がみられた。

「嫁入り前の小綺麗なしごと」と世間では言い、「子ども好きがやるしごと」だと受けとめてもいた。

保育者も、一部の人をのぞけば、自らもそう考えていた。「子どもが好きだから」「かわいいから」ということが、この道に入った最も大きな理由としてあげるものが、圧倒的に多い。それは、たしかにひとつの条件であり、保育者の資質として好ましいものではあろうが、それだけでよいというものではあるまい。

むしろ、ここに〝幼児教育〟が、抱えてきた〝甘さ〟があるとみるべきである。

巷間にあふれている幼児雑誌やテレビの幼児番組に漂う人工甘味料のような、あの浅薄で、しかもあくどい甘ったるさと似たものが、幼児教育の中にも漂っているのは事実である。

おもちゃ箱（安直に子どもにおもねる商品としてのおもちゃがつまっている）のような園舎。厚化粧された保育室。その中で、ここでしか通用しない言葉で、保育が進められる。「かわいいオリンゴサンね。みんなでお絵かきしましょうか」

それが幼児にふさわしいという思いこみ、けだるい惰性としか言いようもない雰囲気が、まだ、そうとう広い範囲に支配的である。

こうした甘やかしは、子どもを大切にしてのことではない。子どもは未熟で、不完全で、何もできないと考え、どんなことにでも、おとながかかわり、手をかさなければならないという、むしろ不遜とも言うべき教育の姿勢が、そうしたことをひきだしてきているのである。

過保護、過干渉は、なにも親子の間だけの問題ではない。むしろこうした〝甘さ〟が横溢する教育の場で濃厚であり、しかも固定的だとさえいえる。過保護にしろ、過干渉にしろ、子どもを中心に考えてなされることではない。ここではいつもおとな＝教師が主人公である。教師が中心になり、すべてに先導的である。子どもを自由にしようとはしない。教育という枠をつくり、しつけという檻をつくって子どもをとじこめ、すべての自由をうばっているのである。表皮だけが、甘く装われているにすぎない。

教育といういとなみ

すこしまわり道をした感がある。

ここではっきりさせなければならないのは、いままで述べてきた二つの誤り――それはまるでわれわれの皮膚のようになってしまっている――を、捨てさるということである。強引な注入、一方的なやらせ、教えこみ、その裏側にある無定見な放任、いずれも許されるはずはない。

〝教育〟は、おとなが、子どもに対して意図的、計画的にはたらきかけるいとなみであることは、あらためて言うまでもあるまい。

子どもたちは、生きたひとりの人間である。よく言われる単なる〝人材〟ではない。またすぐれた性能をそなえたロボットでもない。また抽象的な人間一般でもないのである。現実に生きている（ひとりひとり自分の名前をもち、それぞれが自分の歴史を背負っている）ひとりの人間なのである。そしていま生きているとともに、未来に生きる人間でもある。さらに言えば未来の社会を創造していくひとりなのである。

われわれが、子どもたちに〝はたらきかける〟とすれば、その歩く方向（そして歩いてほしいと願う方向）を見定めなくてはならない。方向を見定めるということは、将来、子どもたちにつくりあげてほしい社会を描くことでもある。そして、いま私たちの前にいるひとりひとりの子どもたちが、その創造活動の中で、どんな位置をしめ、どんなはたらきをするのかも見通していかなければならないのである。

〝教育〟というしごとが、過去のものを、そのままの形で子どもたちに伝達するだけのことであれば、自分のたっている場所を問題にすることもないし、将来への展望をもつことも必要はあるまい。ただ現在に誠実であればいい。すべてを是認しながら、できるだけ多量のものを、正確に受けわたす技術や方法だけをもっていればいい。無定見であったほうがいいのかもしれない。

私たちは、そうしたところに教育の座標をおこうとは思わない。教育は、創造活動である。自らの責任で、子どもを育てることで、未来の社会の創造に参加する行動なのである。それは他に責任を転嫁することができないきびしい作業である。それは、人間と人間――自らと子どもとのであい、相互交流によっての〝創造〟である。私自身の願いと、子どもらがもつ本質的な欲求との弁証法によってはじめてなりたつ質のものなのである。そこに生まれてきたものは、私自身の願望そのままではない。また子どもの欲望が原型のまま現われるのでもない。そのふたつを内包しながら、新しい価値をもつ世界である。

私たちは〝教育〟を考え、語る時には、常にこうした創造活動としてとらえる。そしてこの創造のしごとに取り組む自らの姿勢と、自らが進もうとしている方向について、自分の言葉で語りうるようにしなければならないのである。

こうした〝起点〟をあいまいにすることによって教育は、形骸化してしまうであろう。そして、いま、そのあやふやさは増大しつつある。

2　人間教育としての幼児教育をはばむもの

子どもを人間として、みているか

ある会合で、質問がでた。〝問題児の指導〟ということを前おきにして、質問者は、「偏食の子どもをどうすれば矯正することができるか」と言った。質問者は真剣である。どの参会者も、「私も同じ悩みをもつ」という反応を一斉にしめした。

集まった人たちは、乳児をうけもつ保育者である。

「人間である以上、好き嫌いがあるのは、あたりまえでしょう」こう発言すると、はげしい反発をしめすまなざしがかえってきた。そんないいかげんなことで、子どもがよくなるかといった雰囲気である。

たしかに、子どもの食事のかたよりは気になることではある。しかし偏食する子どもを、〝問題児〟としてみ、正常ではない悪癖をもった子としてみて、なにがなんでも矯正して正常にもどさなければと考える、その見方、とらえ方に素直に同調し、共感できるだろうか。

「私は、カーネーションが好きだ」「私はユリが好きだ」と言う人たちを、「おかしい」と言う者がいるだろうか。ひとつに統制しようとする者はいないはずである。

食べ物に好き嫌いがある。人間とはそうしたものなのだ——ということを認めた上で、成長していく子どもにどうすればバランスのとれた食事がさせられるかを考えることと、これを〝問題〟としてみることとは、たっている地点が基本的に違うことに気づかなければならない。

偏食⇔問題児という図式は、それだけにとどまらずだんだんに拡大していき、数多くの「困った子」「悪い子」をつくりだしていく。「おしゃべり」「無口」「乱暴」「よわむし」「算数のだめな子」「書き取り劣等生」こうしたレッテルをはられた子どもたちが、そうした中で生みだされていく。

人間は、もともといびつなものなのである。典型的、あるいは模式的な人間は、どこにもいないはずである。かつて、ハリウッドで、そのころの女優（もちろん美女ばかりであるはずだ）を選び、各人の最も魅力のある個所を一般から投票させ、最高位をしめた部分（目とか鼻）を合成して、ひとりの人間をつくって、多くの女優の中にいれて、世界一の美女のコンテストをしたら、その合成人間（もっとも美しいはずである）が、ベスト一〇位にも入らなかったという話がある。

「あたりまえではないか」という人は少なくあるまい。しかし教育の世界では、あんがい、こうした合成人間が、求められているのである。

私は、つづいて「楽しく食べる工夫をするのです」と言った。これにも半数以上の反発的反応があった。

「食事のしつけは、どうなるのか」というのが、反発の根にあるようであった。ここにも前提のすりかえがみられる。

食事は、楽しくするものである。よほどの異常な状態がないかぎり、人間はそれを求めてきたはずである。もちろん食物をとることは基本的には生命を維持するためではある。しかし、ほかの動物たちとの根本的な違いは、〝楽しさ〟を求めることにあると言っていい。

毎日の食事もそうであるし、人が集まる時には必ず食事が用意された。現代では、それは形骸化されているものが多いが、食を共にするということは、楽しみを分ちあうことであり、同時に連帯のあかしでもあった。

子どもたちの遊びの中に〝ままごと〟があるのは、こうしたところに源があるとも言われている。

作法は、仲間とのかかわりを円滑にするためのものであり、楽しさを傷つけないためのものであったはずである。(いちばん嫌われることは、まわりに不快感を与えることであった。私たちは、これはきびしくいましめられたものである)。

ともすれば、これが逆転してとらえられる。食事作法の訓練のために食事があり、偏食矯正のために食事があるとしらずしらずの間に考えさせられている人が、いかに多いか——である。

こうしたことが、エスカレートして、きわめて非人間的な要求が、平然とされている場面にゆきあうことが少なくない。

保育園や幼稚園の先生は、三学期になると子どもたちに早く食事が終わるように訓練しはじめるという。小学校の給食に要する時間が示され、それ以内に終わるようにしておいてほしいと、それとはなく求められるという。

食事にあわせて時間が設定されるのではなく、時間の枠の中に食事をおしこめるのである。「そうするよりほかない」というのが理由だというのであるから、論外というよりほかない。もともと子どもたちは、授乳の時から、管理的にあつかわれてしまっている。飲み、食べることが、ひとつの〝作業〟としてしかあつかわれていない。それで子どもが、人間らしくなるわけはないではないか。

述べてきたことは、〝食事〟についてではない。食事はひとつの例、ひとつの具体的場面としてとりあげたにすぎない。きわめて人間的と思われるこの場合でさえ、みてきたように非人間的な色彩が濃厚である。こうした誤りは、広く、そして深くほかの部分にも浸透し、汚染していると言わなければならない。

管理社会の入口

子どもは出生時から、管理されている。

現代は管理社会だと言われて久しい。タイムレコーダー、コンピューター、そして鋼のような管理機構。人間は、その中に組みこまれ、きめられたプログラムによって行動するほかはない。人間性とか、個性をふりすてなければ、現代の世の中に適応することはできないと言われる。

これは成人の社会生活だけではない。出生から、そうなのである。

生まれた子どもは、すぐに母親から離されて、新生児室につれていかれる。一定の仕方で、すべての子どもがあつかわれる。授乳の時刻もきめられ、その量も、月齢によって標準の量が与えられる。専門家が、専門的に対応するのであるから、まちがいはない。子どもたちの健康は、保障されることになった。そのこと自身に、異論をさしはさむつもりはない。しかし、そのために子どもたち（親たちも）が失ったものがあることも忘れてはならない。乳房にしがみついて、出ない乳を懸命にすおうとする――そうしたことを、子どもたちは体験しないまま成長することになるのである。子どもの泣き声を気にしながら、急いで洗濯をした――そうした経験が、生活の中から消えてしまっている。失ったもの、消えてしまったものが、子どもたちが人間として育っていく道程で果たした役割を、もう一度見直す時にきているのではないだろうか。

やがて子どもたちは、制服をきせられ、通園バスにのって、幼稚園へいく。親たちは、制服を望み、バス通園を歓迎する。できれば給食もしてほしいというようになる。

できるだけ、同じものを、同じように与えるようにしてほしいと要求する。一方ではできるだけ手間がかからないことを願い、一方では〝上からの管理〟を望んでいることになる。こうした傾向は、年齢が高くなればなるほど強い。

形式の統一と、生活の規制が、子どもが悪くならない基本的な防衛策だとする風潮は日に日に強くなってきている。管理主義の網は子どもの上におおいかかり、一方では子どもらを無気力にし、一方では網からぬけだそうとあがく子どもたちを生みだしている。

こんな話をきいたことがある。

ある学校で給食の設備の改造がはじめられ、一時期子どもたちは弁当をもってくることになった。

その日から、教室の雰囲気ががらりと変わった。食事が明るく、楽しくなった。お互いの弁当をのぞきこむ、おかずの交換をする子どももいる。仲間が一緒に食事をしているという思いが湧きあがってきた。同じものを食べることで仲間の紐帯《ちゅうたい》が――とよく言われるが、それは逆なのではないかと、担任の先生は思わないではいられなかった。

ここで給食の是非を言うつもりはない。ただ与えられた枠づけの中で、また管理された世界では、人間そのものが消えうせる危険があることを言いたいだけである。

子どもが悪くならないどころか、管理と枠づけは、子どもたちから人間らしさをうばい、ブリキの人形に変質させてしまいかねない。

幼児教育の中にも、こうした風潮は、強くなりつつある。そしてそれが歓迎されようとさえしている。こわいことである。

自然から離れる子どもたち

滝をみた子どもが「これどのくらいかかったの」とたずねたという実話がある。つれていったおとなは、山峡の自然の美にふれさせようとした。「きれいだな」「すばらしいな」と感激するだろうと思った。すくなくとも「大きいな」との歓声のひとつぐらいはきかれると予想していた。

子どもたちは人工の滝だと思ったのである。こんな大きなものを作るのには、さぞかし莫大な費用がかかったろう――と思ったわけである。たしかにある種の驚きは感じたにはちがいない。しかし、私たちが考え、期待するものとは異質なのである。

同じような挿話にはことかかない。

ある農村の保育園の子どもたちが、園の近くに散歩にいった。小川で遊んでいると、カブト虫が流れてきた。「あ、もったいない」ひとりの子どもが叫んだ。「かわいそう」とは言わなかったのである。子どもは、大きい子どもたちが、カブト虫をとり、それを売ってお小使いをえていることを知っている。カブト虫は生き物ではなく、一つ商品なのである。町の子がカブト虫や草ガメが、森や池にいるものでなくて、デパートにいるものと思いこんでいるとよく言われる。都会の子どもたちだけではない。農村の子どもも同様なのである。

時代の流れと言ってしまえばそれだけかもしれない。しかし人間は、自然と共に、と言うよりも自然の一部として生活してきたはずである。自然から切り離されたところで、はたして人間として生きていくことができるのであろうか。

子どもたちは、さまざまなひずみをしめしている。

郊外の幼稚園をたずねた時、私は近くの小さな森をみつけて、「あそこへ遊びにいきますか」とたずねてみた。「このごろ、やっと遊びにいけます」と先生は答えた。「やっと」の意味がとらえられなかった。はじめのうちは、近くまでいっても、子どもたちは森の中に入ろうとはしなかったというのである。「道がない」というのがその理由であったそうである。団地の舗装道路しか経験していない子どもたちには、草をかきわけて探検ごっこをすることなど、考えられもしないというのであろうか。子どもたちは、しつらえられたあまりにも人工的な環境で生活する間に、人間がもともともっているはずの未知へ挑戦するバイタリティーを失ってしまったのであろう。

それだけではない。

子どもたちは、寒くなると部屋から出ない。部屋のほうが、暖かで快適だからである。かつての子どもたちは外に出た。部屋にいても暖かくなるすべはあまりなかった。むしろ外に出てかけまわるほうが暖かくなることを知っていたのである。そして日溜りをさがして集まった。自然のそうした微妙な変化や状態をとらえ、それに対応するちからを自然に身につけていったのである。

それだけではない。子どもたちは、自分の生活の中に、自然を組みこむちからをもってもいた。(経験をとおして身につけて言ったといったほうが正しいのだろう。)

草がしげれば、その草で遊んだ。虫を楽しむこともできた。ちからができれば鳥や小動物、魚なども、自分たちの生活に組みこんでいった。木の実も、食欲や嗜好をみたすものにもできたのである。

雨や雪や風も、みのがしはしなかった。

子どもたちが自然に対応するのは、それを利用し、克服するといった仕方ではなかった。あくまで共存してきたのである。乱獲や破壊は、自分たちの手で、自分たちの生活をこわし、変質させることを、身をもって理解していたのである。

いわば、人間の基本的なあり方を、体験をとおし、直感的にとらえていたと言っていい。子どもたちは、自然からひき離されてしまった。そして人間がもつ大切な一面を見失ってしまったのである。

無機質化しつつある子どもたち

滝をみてその費用を目算し、カブト虫が流れてくるのをみて、その代金を直感した子どもたちは、表情をもたない子どもたちでもある。

よく三無とか五無とか言われる。それらはみな人間性の喪失に根ざしているとみていい。子どもたちに色紙を用意した。ふんぱつしていい色紙を購入した。色もいいし、紙質もいつもよりいい。先生は、子どもたちの喜ぶ顔を想像しながら部屋にいった。くばりながら「きょうの色紙は、いいでしょう」と語りかけた。反応がない。先生はすこし気落ちして、子どもたちの顔をみた。ひとりの子どもが手をあげて言った。「先生、これいくらしたの」先生は思わず値段を言ってしまった。子どもたちは声をそろえて言った。「ああ、それならいいにきまっている」と。

子どもたちは、色紙をみてとびつきはしない。好きな色をうばいあおうともしない。与えられたものを、ただ手にするだけである。「よしあし」をきめるのは、高いか、安いかだけである。そうなっているのである。

子どもはもともと、そうではなかった。

広告用紙を大事にしまいこんでいたり、ビンの王冠を宝物にしたり、さほどでもないものでも気にいれば興味をしめし、興奮する。そうした部分も、まだ数多くのこってはいる。対応の仕方によって、生活場面のしつらえ方によって、子どもたちは、そうした人間らしく、いきいきした側面をみせはするが、とかくすれば、それらのものは、陶器のような無表情の中にぬりこめられてしまいがちである。

能力主義の立場からすべてを評価され、管理と統制で、子どもたちを枠づけし、軌道の上だけを走らせたがるおとなたちが、〝教育〟すればするほど、子どもたちの無機質化は進行するのであろう。どれだけすぐれた性能を与えてもロボットは人間ではない。そうしたロボット的人間が、ふえつつあるのだとしたら、子どもたちの悲劇と言わなければならない。

私たちは、これから探究していこうとする問題のいくつかの糸口をさぐってきた。その入口で、すでに容易でないいくつもの出来事に遭遇したのである。しかし、手がかりはえたわけである。足どりは多少おぼつかないかもしれないが、一歩ずつ核心をめざして進まなければならない。

3　人間を考える

――目標をみいだすために

動くからだ

子どもが生まれる。人々は新しい生命があらわれたことを祝福する。そしてその生命が、私たちの手にゆだねられたという重みを感動しながら感じるはずである。

知恵や、才能が生まれたと、その時はだれも思わない。生きていてくれと願い、すこやかであれと念じる。

それが、原点である。人間への思いや、願いの起点であり、終局点であるはずである。教育といういとなみが、この原点を見失った時、それがどんなに高度なものにみえても人間の教育という本質から遠いものになってしまうことは、あらためて言うまでもないであろう。

這えば立て、立てば歩めと親たちは願った。これは子どもが人間として育つ姿を、〝からだ〟をとおしてとらえたものである。からだが、子どもたちが人間として生き、そして行為する土台であると、人々はとらえていた。

子どもたちは、這いはじめる。

空間があれば、子どもたちは、あちこちに動きまわる。目を輝かせて、みつけたものをめざして這いよっていく。もしこれを止めようとでもすれば、ひどくむずかる。全身で抵抗し、這いつづけようとする。

子どもにとって、これは〝自由な世界〟への第一歩なのである。自分の欲求で、めざすところへいける。自分のちからで、自分を解きはなつはじめての体験なのである。

これはただの筋肉の動き、機能の訓練にかかわるだけのことではない。

そして、一年あまりたつと、ほとんどの子どもは歩きはじめる。きわめてたどたどしいが、懸命にバランスをとりながら、しかも用心深く足を運ぶ。手をだして助けようとしたり、抱きあげようとすると、はげしく拒否する。ときには怒りの表情をあらわすことさえある。

這いまわっていた時よりも、子どもはより〝自由〟になるのである。自分で自分のからだが操作できる、そして、自分が望むところへ、自分のちからで動くことができる。

それは、人間が常に望んでいることである。私たちは、いつもより広い場所で生活し、より遠いところまで自分たちの生きる世界にしたいと願いつづけてきた。

歩行は、そうした人間の基本的な行動の重要な入口なのである。

子どもたちは、歩くことで、さまざまなものやことがらにであう。いままでも、そうしたことがなかったわけではない。しかし、ものやことがらは、むこうから子どものほうに向かってきたものである。子どもはどちらかというと受け身であった。しかも、それは限られた場面の中の出来事にすぎなかった。

いまはそうではない。

こちらから求めて近づくことができる。ふれることができる。おとなが困りはてるぐらい、あれこれをいじりまわし、みつけだす。目にふれたものは必ず手にする。いじってみる。動かしてみる。口にいれようともする。

そして、気にいったものは、まわりのおとなたちに示して、共感することを求める。おとなたちは、これを〝困ったいたずら〟と言う。子どもにとっては、きわめてまじめで、真剣な作業なのである。彼らは、こうした行動をとおしながら、さまざまなものごとを自分の世界に組みこんでいくのである。

子どもは、そばにあった箱を手にする。片手でもちあがらないことがわかると、両手で抱えようとする。何度か試み、そしてもちあげると、ふってみる。中で音がする。子どもは、ふたをあけて中をみようとする。指を懸命に動かす。中のものをとりだすと誇らしげにみせて、それをまた中にいれて、ふたをとじる。何度もくりかえしながら楽しんでいる。

〝からだ〟が、だんだん自由に動くことは、ただ行動半径を広げるだけでなく、こうしてその内容にもはいりこんでいくのである。

箱を手にし、それをふり、音がすることで箱の中に何かあることを推察する。それをとりだしてたしかめる。子どもは、〝もの〟を認知するとともに、それをたしかめる方法も知るのである。学習するのである。

からだは、すでにただ肉体だけの存在ではない。人間としての存在の具体であり、行動の実体である。ものごとを感じとることも、表現することも、からだと切り離して考えることはできない。

手は、つきだした頭脳だと言われる。手を自由に操作できない子どもたちの問題が、論じられるようになってから久しい。ものごとを正しくとらえ、そしてそれを操作していくことが、子どもが行動し、手をつかってものをつくりだしていくことと、深いかかわりがあることを見落としてはならない。

〝からだ〟を、ただ健康管理や、表面的な身体運動の訓練の領域にだけおしこめてとらえていてはならないのである。

しなやかな心――感情の問題

子どもが、毛虫を集めてきた。

虫好きの子どもたちが、よくやることである。教師は、それを楽しくみていた。

その子は、毛虫を地面に一列に並べた。もうひとりの子に手をあげて合図をすると、その子は三輪車で、その毛虫の上をはしった――というのである。教師は、一瞬茫然とし、そしてがく然とした。背筋に冷たいものがはしった。

子どもたちは、ときにはこの種の残酷な遊びをすることがある。それにも問題がないわけではない。しかし教師を慄然とさせたのは、そうしたことをしたことよりも、それになんの反応もしめさなかった子どもたちが多かったことである。みている子どもたちは、一様に無感動であった。

これは残酷なことをするというよりも大きな問題をはらんでいると言うべきである。

表情の乏しい子どもが多くなった。〝しらけ〟とか〝三無〟ということが、青少年の生活指導で問題にされてきたが、それと同質のものが幼児の中にもみられる。

反応がない。楽しいのか、楽しくないのか、悲しいのか、そうではないのか、表情や動作からは判断できにくい子どもにであい、とまどうことが多くなった。

「このごろ、泣く子どもがへった」入園直後の園にいくとこういう声がきかれる。以前、この時期は、母親の手から離れることを渋る子で大騒ぎになったものである。泣くだけではない。全身で抵抗する子どもが何人もいた。ところが、このごろではこうした姿は、まれにしかみないと言われる。

子どもが自立し、うまく母親離れができているためなのかというと、必ずしもそうではない。過干渉は、ますます進行し、子どもの依存の度合いは強まりこそすれ、よい方向にむいているとはみられない。子どもは、自分の中にあるものを外に出さないにすぎない。感情の表現が歪んでしまっているとも言える。ほんとうの心が、厚い殻におおわれ、かくされているとみるべきであろう。地底のマグマが出口がないままに、その底で渦巻いているのに似ている。この殻に、なにかのはずみでひびがはいれば、マグマは一挙にほとばしり出る。無方向に暴走しはじめる。そうした姿を、私たちはいやというほど目にしている。暴発に気をとられていては、ほんとうの姿、その底にある原因を見落としてしまう。この無表情から、目をそらしてはならないのである。

子どもの無機質化をすすめる土壌が、子どもたちをとりまいている。

子育ての苦心を語りあう会に参加した時に、こんな体験談をきいたことがある。

「私は働いているので」と前おきして、その人は語った。

暇をみてすぐれた絵本を選び、その文のところをテープにふきこんでおく。兄のほうにテープレコーダーの操作を教えてあるので、兄弟二人で絵本をけっこう楽しんでみている。自分は忙しくてとても子どもの相手をしてやる余裕はない。仕事を終えて帰ってくると家事もしなければならないし、休養もとりたい。子どもにわずらわされることはいやでもある。

と、その人は語った。おもしろい工夫だと肯いてメモをとる人も何人かいた。

テープには自分の声がある。じかに読むのと変わりはあるまい。母親がべったりついているよりも、兄弟が自立するのにも、むしろプラスがあるとも考えられる。内容も、十分吟味されているのだから問題があるわけはない。その証拠に、子どもたちはおとなしくしているではないか――その人は、こうも言いたいのであろう。

すべてを否定しようとは思わない。働く母親の努力や工夫を評価しなければならないだろう。しかし、ここでは、きわめて重大なことが見落とされている。それを素通りするわけにはいかない。

そこには〝生きている母親〟がいないということである。絵本はある。もちろん中味が伝わりはする。その点、問題はない――と考えるのは、おとなの側の独断なのである。

子どもは、母親に「本を読んで」とせがむ。そして読んでもらうことを喜ぶのは、ただ、本の内容が知りたいからではない。〝母親が読んでくれる〟というその事実を求めているのである。

身近に読み手である母親がいる。体温を感じる。読み手の心のあり方や、心の揺れ動く微妙な雰囲気を、全身で受けとめようとしているのである。「どうしてなの」とたずねることに〝こたえてくれる〟、ただ読むだけでなくやりとりがある。絵本をなかだちにしてのかかわりが、子どもにとっては大事なことである。だから、読みなれた、ききあきたような絵本でも、子どもらは息をつめてききいるのである。

テープレコーダーは、この代用まではしてくれない。

ことごとしいふれあいや、話し合いを問題にしたがる人々も、このごろでは、毎日の平凡な生活の中での、さりげないふれあいや、ひとの心のはたらきを軽くみてしまっているきらいがある。

子どもが小石を拾ってくる。かすかについている縞目が、彼にはすばらしく美しくみえたのである。「宝の石だよ」彼は誇らしげに言った。「そんなきたない石はどこにもある」「ばかだね、捨てておしまい」母親はにこりともしないで言った。彼は何度もそんな目にあっている。心の殻は、だんだん冷え、硬化し、そして厚くなり、やがて閉じてしまう。子どもの心の中にあった〝美〟への傾斜を、硬直したおとなの常識が、阻止してしまったのである。

朝、話題を胸いっぱいにかかえて、子どもたちは登園してくる。教師の胸にとびこんで一気にはきだしたい、そういう思いで弾んでくる。「ご挨拶をしましょうね」「先生は、いま朝のご用なの」こうしたどうにもならぬ形式や、おとなのご都合主義が、子どもの心を凍らせてしまう。こうしたことが、少なくはないはずである。

人間が人間であるためには、感性の正しい抑制、コントロールが必要であることは否定できない。しかし、それは感性を無視し、抑圧することによってできることではあるまい。

子どもたちは、〝しつけ〟とか〝指導〟という名のもとに、おとなの一方的な操作によって、こうした最も人間らしい部分をおさえつけることを求められつづけているのではないだろうか。

子どもが、泥だらけになりながら山つくりをしている。「だめだ」とは言わないまでも、ほどほどにしてほしいと呟きはしないだろうか。息をはずませ、楽しげに話し合いながら、がらくたを集めて掘立小屋をつくっている。「きたないから、すこしは考えて」と顔をしかめ、「疲れすぎるといけない」と、ほかの遊びに誘いこもうとはしないだろうか。

子どもたちは〝無表情〟にさせられるだけでなく、いつも、〝ほどほどにする〟ようにしむけられている。精いっぱいやったという快感、やりあげたという成就感にふれることなく育っている。おとながつくった枠の中で、用意された軌道の上をほどほどに走ることをよしとされている。与えられたことを常に受け身で消化していく。栄養は、吟味され、過不足なく満たされてはいるが、うまくもなく、すこしの歯ごたえもない、そんな食べ物しか与えられていない生活に似てはいないだろうか。

こんな中から、人間として生きる喜びや、創造への意欲が湧きおこるわけはあるまい。画用紙に向かった時や、ピアノの前に並ばせられた時だけに〝美しさ〟や〝豊かさ〟を求められても、その土壌が不毛であれば、芽ぶくことすら望めない。まして花が咲き、実を結ぶわけはないのである。

つくる

どんな子どもでも、土の上に座れば、土をいじりはじめる。（最近それをいやがる子どもがいるということは、けっして単純な問題ではない）。土の手ざわりだけを楽しんでいた子どもは、そこに〝形〟が生まれたことを発見する。それが、糸口になり、子どもたちは、池を掘り、山をつくり、土の球をにぎりはじめる。

やわらかい土があれば、板でおして形をつける。ひっかいて線をかく。そうしたことはきわめて自然ないとなみなのである。人間には、自分を外に広げ、おしだそうとする意欲が、どんな時にもあるのである。自分のまわりのものにはたらきかけ、新しい世界をつくりだそうとするものを秘めている。

人間は、まっすぐに立ち、両手が自由に使えるようになって〝人間〟になることができたと言われている。そして、人間は、自分たちの生活を、自分たちの手でつくり、うみだしはじめたのである。子どもたちが、土塊にはたらきかけ、木片で、地面に穴を掘り、木の葉を集めてままごとをはじめる姿に、その原型をみることができるのではないだろうか。それは、疑いもなく人間としての大事なはたらきを身につける入口に足を踏みこんでいるのである。

ところが、そうしたちからをもちあわさないようにみえる子どもたち（おとなも同じである）が少なくない。土塊があってもいじろうとしない。紙が目の前にあっても、手にし、折り、破り、あるいはクレヨンで、そこに描こうとしない。はたらきかけようとしない。そうしたことができるということを知らないのではないかとさえみえる子どもが、何人もいるのである。

人間がもっているはずの基本的な欲求、あるいはちからを失ってしまった——ということは、簡単にみすごすわけにはいかないことである。どうしてそんなふうになってしまったのであろうか。

子どもたちは、〝与えられる〟ことになれきっている。その与えられるもの（ことがらもふくめて）のほとんどは、〝できあがったもの〟である。つくられた結果を手にするのが普通の姿だと言ってもいい。

ある時、教師が、粉末の状態になった粘土を与えてみた。水を加え練りあげて彫塑用の粘土をつくるちからはあるとみたし、土こねのしごとは、子どもたちにとっておもしろいことだとも考えたからである。ところがしばらくすると、子どもたちは「やりたくない」と言いだした。「こんなことをしなくても練る機械があるのだろう」「いつものようにできた粘土でいい」というのが彼らの言い分だったのである。

これに類する話題にはことかかない。

からだと知恵全体をつかって、自分のまわりのものにはたらきかける。そして自分の望むようなものをそこにつくりだすという経験が、子どもたちの日常にはほとんどないのである。

一方では、発想が貧困であると言われる。小学校の遠足で野原にいった。「自由に遊んでいい」と解散させた。しばらくすると、子どもの姿がみえなくなった。よくみると木陰でトランプをしている子どもがいる。もってきた漫画本をみているもの、携帯ラジオのイヤホーンを耳にはさんでいるもの、ぼんやりとあたりをみているものなど。「遊ばないのか」と言ったら「遊ぶものがないのに、どうして遊ぶのだ」という答えがかえってきた。丘の起伏から、草むらから、木立から、小さな流れから、子どもたちは、何も読みとることをしないのである。石ころ、木の葉、野草の花から、何かをみつけだし、自分たちの遊びに組みこんでいくこともしないのである。

ブランコがあり、メリーゴーランドがあり、入場券があり、スピーカーががなりたててはじめて反応する人間に変わりつつある。

また、こうした角度からみることもできるだろう。

子どもたちは、いつも限られた枠の中で生活している。行動する範囲も、動きまわる軌道も、あらかじめつくられてい、その上を忠実になぞるように指示されている。

前にもとりあげたことであるが、幼稚園に近い森に遊びにつれていかれた子どもたちが、「道がない」と言ってたじろぎ、なかなか中にはいって遊ぼうとしなかったという事例などは、団地の子どもたちは、整備された人工の道を通り、規格化された遊び場でいつも遊んでいることからおこる事象だということだけでなく、あれこれと規制され、干渉され、行動のことごとくを監視し、管理されている結果だと言ってもいいすぎではない。

そうした日常生活をおくっている子どもたちは、きめられた軌道上は、きわめて手際よく、上手に歩きはするが、そこから一歩踏みだした時には、もうなにもできなくなるのである。（そうしたことができることを知らないし、そうした喜びも知らないのである）。

なかに、自分自身で活動することができる子どもがいたら、〝いたずらっ子〟と言われ、〝はみだしっ子〟ときめつけられることになる可能性すらある。

そうした中から〝つくる〟ことが芽ばえるわけはない。現在はそうした芽が育つ土壌がなくなりつつあるのである。

子どもが〝人間〟として育っていくことをさまたげる厚い壁が、ここにもあるとみなければならない。

考える

子どもが、砂場で山をつくっている。手で砂を集めて積む。小さな山ができる。その成功に気をよくした子どもは、さらに大きな山をつくることに挑戦する。今度はさっきのようにつごうよくはいかない。子どもは掌でていねいにたたいて固める。まわりの子どものしていることをまねて水をまぜたり、板片を掌のかわりにしてたたくことも試みる。そうしながら、自分のめざしている〝山〟をつくりあげていく——こうした姿を私たちはよくみることがある。

おとなたちは、これらの子どもの作業を〝泥いたずら〟と言い〝たかが遊び〟と言ってしまう。ときには、動物たちが、穴を掘るのと同じレベルにおいてみることさえある。そうではないにしても、一日も早く卒業してほしいと願い、一方では文字を読んだり、数をかぞえることができる子どもを描きがちである。いわゆる〝読み書き〟や〝計算〟が不必要と言うのではない。与えられたものを吸収し〝記憶〟することも、人間として生きていく上に必須のことである。しかし、それがすべてであるかのように言うことは、そうしたものを否定するのと同じようにまちがいなのである。

泥いたずらと言われる子どもたちが、砂山をつくっている姿の中には、ただ文字を読み、数をまちがいなくかぞえることとは違う〝ちから〟がはたらいているのである。子どもたちは、ただやみくもに砂をもりあげているのではなく、〝考え〟そして〝試み〟ている。触覚をとおして、砂という素材がもつ性質を感じとり、水を加えることによって、可塑性をますことをとらえているのである。こうした中で彼らは、〝なぜだろう〟と思い、〝どうすればうまくいくか〟を考える。そしてさまざまなやり方で、当面の問題を解決しているのである。

人間が、さまざまなものを発見し、そして生みだしてきたと同じ形が、きわめて素朴な姿でそこにあることを、私たちは認めないわけにはいかない。

といって、すべての子どもが、〝なぜだろう〟と思い〝どうすればいいか〟と考えて、さまざまな仕方を工夫して楽しんでいるかというとそうではない。

むしろ逆に、手軽に答えがでてくる安直な課題を好む子どもが多くなりつつある。考える過程を省略して、一挙に結論にとびこみたがる傾向が著しい。多少こみいった作業に取り組ませると、できないと言い、疲れたと言う。これは、ただ根気がないというのではなく、たんねんに思考を積みあげていくことや、新しい道を大胆に発見しながら、自らの思考を進めていくことをさけようとするからだとみることができるであろう。

これは子どもだけのことではない。(というよりも、おとなたちがそうであることが先だというべきであろう)。私たちは、考えないですむ日常を求めているのではないだろうか。自動化された機械、器具をつかい、他人のつくったプログラムのとおり動くことになんの疑問も感じてはいない。「私にも写せます」とか「なんにもセンサー」にエスカレートしてき、それが歓迎されているわけである。最初は、きわめて消極的ではあるが、まだ〝私にも〟があった。それが、もうそれすらない。何もしないことが、受けいれられる重要なセールスポイントになっているのである。人間は、行動することも、思考することも放棄しているのである。

それだけではない。過剰な情報が氾濫し、さらにそれに解説が加わる。一挙手一投足まで、他人に言われたとおり行動し、そして安心する。〝自分で考えなさい〟とか〝判断をまかせる〟というのは、きわめて不親切なことであり、非常識だと言われるのである。

こうして私たちは、人間が人間であるひとつの証拠である、自ら考え、自由に思考することの大切さを忘れようとしているのである。

考えない子どもは、こうした土壌から生まれ、育ちつつあると考えるべきであろう。

人間関係

子どもは、仲間の中ではじめて、ほんとうの安定を知る。

町の小さな公園へいってみる。母親につれられた歩きはじめたばかりの子どもがきている。砂場で同じ年頃の子どもが座りこんでいる。つれられてきた子は、母親の手をふりほどいて、砂場にはいりこみ、同じように砂をいじりはじめる。一緒に遊ぶわけではないが、しばらくの間その遊びをつづける。ところが、その子どもがいなくなると、彼は遊ぶことをやめて母親のところへいき、相手をすることを求める。

また、こんな姿をみることもある。

子どもが遊んでいる。母親が離れたところで話しこんでいる。べつに子どもの相手をしているわけでもなく、とくに注意を向けているわけでもない。ところが子どもは、安心して遊びつづけている。しばらくして母親の姿が、子どもからみえなくなった。それに気づいたとたん、彼は遊びをやめて、その姿を探しはじめる。いることをたしかめると、またさっきの所にもどり、遊びはじめる。

この二つの場面をみても、子どもは、ひととのかかわりの中で、安定し、はじめて自由に行動できるということが、うかがえるのである。人間は、人間である以上、もともと孤立しえないものなのである。

子どもは、家族のひとりとして生まれてき、ともに生活しながら育ってきた。両親、そして兄弟姉妹を最も身近かな〝ひと〟としてとらえ、基本的なかかわりを、その間柄の中で感じとってきた。

人間として愛され、信じられ、また愛し、信じることも、このかかわりの中で知り、身につけてきたはずである。ひとつのことともに喜び、ともに心配しあうこと、ちからを合わせて、ひとつのことをやりとげることの大切さも、家族とともに暮らす中で、最も素朴な形で、しかも純粋な姿で経験してきたはずである。子どもたちは、家族とともに暮らすことで、ひととひととのかかわりの基本的なあり方を学ぶということを忘れてはならない。

子どもは、同時に〝地域の子〟として育っているわけである。本来は町の子であり、村の子であったはずである。

そこには、いつも仲間がいる。一緒に遊び、一緒に生活をしてきた。そうした中で、自分の要求をだすとともに、まわりの人々の求めていることも感じとらなければ一緒に暮らすことができないことを学んでいったのである。それとともに、ひとりでは経験することができない大きなエネルギーを感じとりながら、社会に参加する足がかりをえてきたのである。地域は、ときには家族以上に大きな影響を子どもたちに与えることさえあった。

ところが、こんな話をきくことがある。

入園してきた子どもが、どうしても園になじまない。あれこれ手をつくしてみたが状態は変わらない。登園してくると、彼はすぐに職員室に入りこみ、おとなを相手に機嫌よく話しつづける。話題も豊かである。おとなへの対応はきわめてまともである。おちついたころをみはからって保育室へつれていこうとすると、顔をひきつらせて拒絶する。「子どもはきらいだ」と絶叫する。そうした子どもがいるというのである。

子どもは仲間の中で安定し、町の子、村の子としてはじめて人間らしく育つと言った。しかし、この子どもには、まったくあてはまらないのである。

彼は、家という囲いの中の生活しか知らなかった。というよりも、外の世界にふれることで、子どもが汚染され、そこなわれると思いこんでいる両親に育てられたのである。まるでそれは滅菌されたフラスコの中で実験的に飼育される動物に似ているとさえいえる。〝自閉〟、いわばこの子どもは、〝自閉的な状況〟の中で育てられてきたと言っていい。

もともと人間は、閉じられた環境を好まないはずである。けっして快いものではない。住みやすくもないし、自由に行動できるものではない。ふつうならば、自分のちからで、それを破ろうとし、そこから脱出したいと願い、そう動くはずである。ところが、幼い時から、そうした環境にとじこめられていると、そうした状況にすこしも違和感をもたず、抵抗を感じなくなってしまうのではないだろうか。「子どもがきらいだ」と言いきる彼も、そうなのであろう。そして、いまこうした子どもたちが少なくないのではないだろうか。

子どもを人間としてとらえ、人間に育てていこうとするのなら、私たちは、子どもたちを仲間の中にもどさなければならない。

さきほどあげた家族のあり方をみなおすことも必要である。地域の状況も考えなければならない。(ここに、多くの問題があることは、常に言われていることである)。

それとともに、園のあり方を、あらためて問いなおさなければならない。そこが、ほんとうに、子どもたちの広場になっているのか。子どもたちの本質的な仲間関係が、存在するのかを建て前としてでなく、深くとらえなおさなければならない。

人間の尊厳

あるひとは、〝鉛の兵隊〟と言った。そして「中が空洞であり、表面はぴかぴかしていて、軽々としているから、〝ブリキの兵隊〟と言うべきかもしれない」と訂正した。外見は整っているが内容がない。そして自分の意志で、自らのちからで動こうとしない。しかも何人いても同じようにみえる——こうした最近の子どもをさしてこう言ったのである。かなしいことだが、この言葉に反論することは、ためらわないわけにはいかない。

子どもが〝ブリキの兵隊〟であってはならない。多少いびつで、ぶかっこうでも、たとえ不揃いであってもいい、生身の人間であってほしい。

ほとんどの子どもは、生まれてから、大切に育てられてはいる（そうみえる）。神経質と言ってもいいほど、慎重に（臆病に）とりあつかわれ、十分すぎるほどの庇護も受けている。その上過剰と思われる〝指導〟〝教育〟を受けつづけている（ときには、濃厚育児、肥厚教育とでもいいたくなるほどの）。ともかく外からみたかぎり、きわめて大事にされていると言っていい。

しかし、おとなたちは、こんなふうにあつかいながら、最も大切なこと、見落としてはならないことを、なおざりにしているのではないだろうか。というよりも、〝それ〟が大切であることに気づいていないのかもしれない。

子どもが、〝ひとりの人間〟としての存在であることを、心の底にちゃんと位置づけ、それをほんとうに大切にしながら、子どもたちと暮らしているといえるだろうか。おとなが自由にあつかい、自分のおもわくで操作し、自分たちの都合によって管理し、ひとつの規格にはめこむことが、当然のように思いこんではいないだろうか。おとなの恣意によって、ときには鉛の兵隊にされ、ときには装飾品のようにあつかわれ、ときには生命さえ喪わせられるという現象がある。建て前はどうあろうと、いくつもの事実が、私たちにそれをしめしている。

人間が人間である、最も重要なあかしは、自分がなにものにもおかされることのない人権をもっていることである。私たちは、あらゆる機会に、あらゆる場面で、あらゆる手だてをつかって、これを教え、のみこませなければならないのである。

私たちは、どんな状況の中でも、自分で考え、自分できめ、自らの目的に向かって進むように生きていかなければならない。(そうありたいと念願している)。そしてどんな場合でも自由であるべきである。考えていることをそのまま言うことができる。正しい要求はみたされなければならない。手枷や足枷をはめようとしたり、猿轡をはめようとするものがいたら、徹底して闘う勇気をもたなければならない。「私は奴隷ではない」とはっきり言いきることができなければならない。

人間が教育を受け、さまざまなことを学習し、生きるちからを身につけるのは、人間の基本的な要求である〝自由〟を正しく主張し、それをえ、そしてその世界を拡大していくために行動できるためなのだということを、子どもたちにきちんと教えなければならないのである。

雑多な知識をいかに多量に注入されていても、高度だとみられている知識や技術を身につけるべく訓練されていても、この一点が欠けていては〝人間〟には育たないと言っていい。

日本国憲法、教育基本法は、その保障を明確にうたいあげている。児童憲章は、それをさらに子どもたちのものとして、宣言している。

しかし、現実は、かならずしもその方向に前進してはいない、というよりも、むしろ、それらのものを、括弧の中にとじこめようとさえしている。国益、公共の利益、愛国心。こうした言葉が、言われるようになってから、人間はだんだん括弧の中に後退させられはじめた。〝道徳〟の時間が、学校教育の中に座をしめると、さらにこの括弧は強化され、頑丈な錠前まで用意される気配さえみられる。〝自由〟が無分別や放縦と同枠におしこめられ、世を混乱させる原因であるように言われはじめた。〝人権〟とか〝主体性〟を語ることも、だんだん少なくなり、目をそむける人々も、だんだん多くなっている。

子どもたちの非行が、とりあげられる時、いつも言われるのは、「子どもを自由にしすぎたからだ」ということである。彼らは、これを口実に、括弧を強化しようとする。すりかえであり、詭弁にはすぎないが、大向う受けし、説得力をもつようにみえる。人々は、この安易な主張に迎合し、追随しはじめる。教育にかかわる人々が、その先頭を走ろうとする傾向さえみられる。

私たちは、この危険な傾向をみすごしてはいけない。

人間として認められたことがないものが、他の人々を人間として認めようとするだろうか。ほんとうの自由を知らずに育った子どもたちは、他の人々の自由を妨害しても、それが人間としてしてはならないことをしているのだと気づくわけはない。

常に〝差別〟がまかり通っている世界にいる人間は、平然と仲間を〝差別〟するのは、あたりまえともいえる。

できる、できないという目で、親も、教師も子どもをみている。自分よりできない子どもをみつければ、彼は、相手を下にみて省みることはない。ときには、それの抹殺すらやりかねない。そうした子どもは自分より上位にいる者には、卑屈になり、下僕にされても反抗しようとはしない。

現代は、こうした状況に、子どもをおきかねない。それがどれだけおそろしいことか気づくどころか、そうすることによって、子どもたちの指導や教育が〝効果〟をあげるのだと信じきっている人々さえいる。

現代の危機のひとつは、ここにある。

とすれば、私たちは、子どもをひとりの人間としてみ、子どもたちに人間の尊さを教えていくことを教育の核にすえることを再確認しなければならない。

4　生活の場として
——活動内容をさぐるために

生　活

幼稚園、あるいは保育園はどんなところかとたずねられたら、私は躊躇なく「そこは子どもの生活の場である」と答える。

子どもたちは、そこで仲間と生活する。遊び、食事をし、休息する。ときには、おとなのようにはたらくこともある。おもちゃがちらかっていてじゃまになれば片づけるし、机が汚れていればきれいにする。花壇の花が水を求めていればやることもあるし、ウサギがはらをへらしていれば草をとってきて与える。ともすれば、こうしたあたりまえのことを私たちは忘れてしまいがちである。子どもたちのそうした生活と切り離された特殊なものが、そこにあると考えてしまう。というよりも〝なければならない〟と思いこんでしまっている。

こうした言い方をする人がある。「保育園には、教育がない」と。この人々は、保育園では、日常生活が中心であって、〝教える〟といういとなみが、少ないと言おうとしているのであろう。ここでは、〝生活〟ということが、教育や学習とは、対極にある低い次元のものであり、そうしたことでは、子どもを人間として高めることにはならないという認識が、いわば迷信と言ってもいい状態で、信じこまれている。

別の言い方をすれば、〝生活〟を狭い枠の中におしこみ、既成のおとな社会の慣習に、適応させるための訓練としてしかとらえていないための誤りをおかしているとみることができよう。

〝生活〟は、人間が生き、行動していることの総体である。ただ食べ、排泄し、休養するといった質のものだけをさすのではないし、身のまわりの物を処理し、定められた規則を守るという日常茶飯の行動だけを言うものでもない。

人間が、人間として自らをつくりだしていく、すべての世界と言うべきであろう。

私たちは、子どもたちの生活と言い、〝生活をとおして生活全体を高めるための教育〟とか〝生活をとおして人間形成〟ということがなりたつためには、すくなくとも、そうしたとらえ方を根底にして考えを進めていかなければならないのである。

生活習慣

さきほどすこしふれたように、〝生活〟ということをとりあげた時、ほとんどの人は、生活指導とか、生活習慣の形成という言葉、あるいはことがらを思い浮かべたにちがいない。そうあってはならないとか、それはまったく誤っているというのではない。それが、生活そのものを考えていく枠づけとしてとらえては困ると言いたいのである。

最近はまた、〝しつけ〟ということがあらためて言われている。とくに青少年のさまざまな問題につなげて、幼児期のしつけが論議されることが多い。この時言われる〃しつけ〃は、子どもをひとりの鋳型の中にはめこむという質のものである。その先にあるものは、管理主義に武装された〃生活指導〃なのである。

こんな姿をみることがある。

小学校の給食の時間、はじまる前に全員が一列に並んで便所にいった。そうさせている側も、させられている側もなんの抵抗も感じていないようであったが、まともにみつめればきわめて〃奇異な状況〃と言わなければならない。

便所は、ひとりひとりの生理の欲求にしたがっていくものなのである。指示され、統制されるものではない。

もちろん、幼児のある時期には、それを指示することもあるだろうが、それもその子どもの生理を前提にしてのことである。この場合のように、日課にそって一斉画一にあつかうということはありえない。

ところが〃しつけ〃と言い、〃生活習慣の形成〃と言い、同種のことが平気でおこなわれていることが少なくないのである。

おとなが、あつかいやすいように子どもを馴致《じゅんち》したり、去勢して、ただひたすらに、きめられたことに追従する子どもにするために〃しつけ〃が必要だと言われていたり、外から与えられた条件に、抵抗なく反応することを求め、一定の形式的な行動を機械のようにくりかえすことができるようにするために〃生活習慣〃が言われているとしたら、それはまちがいである。

生活習慣が身につくということは、目的ではない。手段なのである。

自分の身のまわりのものを、きちんと整理することができる子どもがいる。おとなの指示したとおりにできるし、手早い。他人の手を借りることもない。その限りではこの子どもは、同年齢の子どもにくらべてぬきんでている。おそらく教師の〝生活習慣〟の項には高い評価点がつけられているのではないだろうか。

しかし、この子どもは、登園してきて、持ち物を整理するとあとは何もしない。何もしないだけではなく、道具が乱れたり、汚れたりすることを嫌って、それらを使おうとしない。

手段と目的との混同がある。

これは、ひとりの子どもだけではない。清掃がゆきとどき、整備が完璧な園では、おうおうにして子どもの活動があまりみられないといった傾向がある。これも手段が目的にすりかえられ、そのまちがいに気づかない結果だと言っていい。

日常生活のさまざまな行為、行動が、ちゃんとできるということは、人間として価値のある行動をするための土台であり、それだけが切り離されて意味をもつものではないはずである。

これについては、あらためて考えていくことにしたい。

遊び

子どもの生活の核が〝遊び〟であることは、言うまでもあるまい。本来は、ほとんどすべてのエネルギーがこのために費されるはずである。

子どもは遊ぶために生まれてきたのだろうと、その生命感にあふれる姿を感動的にうたいあげた歌人がいた。遊びこそ子どもの最も自然な姿であると言った人もいる。いずれにしても、子どもの生活からこの部分を消しさったとしたら、あとにはほとんど何も残らないと、昔から考えられてきたし、私たちもそれを修正する必要は認めない。

しかし、もし子どもたちに「なぜ遊ぶのか」とたずねてみるとする。（こんな問いを発すること自身滑稽なことであるが、あえてやってみることにする）。子どもたちはおそらく何も答えないであろう。あえて言えば「おもしろいから」とか「遊びたいから」というであろう。

〝遊び〟については、あとで十分に吟味するつもりであるが、ここでは二、三の点だけおさえておきたい。

まず「遊びたいから」という言葉をききもらしてはならない。遊びは、他から命ぜられてするものではない。外からの刺激を受けたにしろ、命ずるものは、自らの内なるものである。自らが自らに命じ、そして動く。何かのためではない。遊び自体がめあてなのである。「健康のためにジョギングをする」と、おとなは言う。これは、本来の遊びと異質のものである。「母校のために闘う」と、スポーツ選手が言う。そこでされているサッカーにしろ、野球にしろ、それは遊びの枠から遠く離れたものである。

「遊びたいから遊び」「そのこと自体に没入する」ということは、人間が物事に取り組む最も純粋な姿だ。人間が、その世界の中で主人公になり、最も主体的にふるまっているその時だと言えるだろう。

多くの言葉は、必要ではあるまい。私たちは、遊ぶことで、子どもたちが、主体的に生きる実感をからだのすみずみに浸みこませる、ということを大切にしたいのである。

遊びは、また創造の世界である。

遊びは、本来自由である。

その輪郭や展開する方向は、遊び自身と、それにかかわる子どもたちだけにしかわからないはずである。

空間がある。子どもたちは、かけまわりはじめる。数人いればそれが渦になり、おいかけっこになる。そのおいかけっこが、鬼ごっこになったり、電車ごっこになったり、ときには、泥棒をおいかける警官遊びになることもある。

必ずしも、そうした姿になるとは限らない。ひとりの子どもが、線をひく。それが大きな船になり、海賊ごっこがはじまることもあるし、間取り図になり、それがおうちごっこの舞台になることもある。

子どもたちは、遊びの錬金術師と言っていい。あらゆるものを、あらゆる場所を、あらゆる時を〝遊び〟にしてしまう。

おとなからみれば、それは他愛のないものかもしれないが、子どもにとっては、すべてが発見であり、創造のいとなみなのである。

つくることが、人間の人間らしさであることは、すでに述べたとおりである。

子どもたちが、遊び、遊びに集中するということは、子どもたちが自分たちの〝生活をつくりだす〟ということと同義語である。

より豊かな内容を、より深い意味をこめた内容を子どもたちは貪欲に求めてやまない。もし、そうした姿がみられないとしたら、私たちはおかしいなと思わなければならない。子どもたちが、まだほんとうにやりたいことにめぐりあっていないのではないか、私たちが子どもたちのために構想している生活そのものに大きな歪みがあるのではないか、しらずしらずの間に子どもたちに枠をはめて、別の世界にひきずりこんでいるのではないか、そのひとつひとつを吟味すべきである。

かさねて言うが、核のない生活がありえないとすれば、子どもにとって〝遊び〟がない生活は、ほんとうの生活と言うべきでない。

しごと

子どもの生活にも〝しごと〟があると言った。

遊びのように、生活の核になることはなくても、子どもたちが、〝自分のこと〟として取り組むいくつかの活動がある。

仲間と一緒にウサギを飼っている。子どもたちは、餌を与え、小屋の掃除をしなければならない。ウサギの生命を守るためには〝しなければならない〟ことである。遊びのようにいつも〝やりたい〟こととは限らない。ときには、このために、やりたいことが一時中断されることさえある。

私たちは、前に遊びを考える時に、主体的な取り組みが、人間にとって大切なものであると言った。内なるものによって命ぜられ、そして行動しなければならないと言った。

そうすると生活の中にこの〝しごと〟があるということは、あまり望ましくないということになるのではないか——という疑問がでてくるのは当然である。たしかに〝しごと〟には外の条件がはたらく。子どもの意志や意欲以前に、〝しごと〟そのものがあることがほとんどである。

ウサギは、子どもたちが自発的に飼いはじめたものでないかもしれない。ときには、機械的に割り当てられたものである場合もある。しかしそれが〝しごと〟になるためには、すくなくとも、取り組む子どもたちが、主体的に受けとめ、自分のこととして、ウサギに対応していかなければならない。〝しごと〟は労役ではない。

世話をすることをとおして、子どもたちは〝自分たちのウサギ〟と思うようになる。その証拠に彼らは、ほかのものが、そのウサギにかかわるとはげしく抗議する。「ぼくらのウサギだ」と主張する。こうなるとウサギの世話という〝しごと〟は、もう外から命じられて、やむをえず取り組むことではなくなっているのである。遊びとは質は違うが、ここにも主体的な取り組みがあると言っていい。

同時に、子どもたちは〝しごと〟を通して、仲間とのかかわりを深めていく。

どんな〝しごと〟でも、それはその集団に属するすべての子どもにかかわるものである。

ウサギは、園のウサギであり、仲間のウサギなのである。餌を与え、小屋をきれいにすることは、自分のしごとであり、そのしごとの結果は、園のすべての仲間のものになるわけである。しごとを通して、子どもたちは、集団の中に存在し、位置づくわけである。

かつて子どもたちは、家庭でそれぞれのしごとを分担させられていた。朝起きれば表を掃く。子どもにとっては〝快哉〟を叫ぶようなしごとではない。しかし、表がきれいになることは、彼がいるからであり、そのことは家族だけではなく、近隣の人々がみな認めていたのである。彼は、幼いからというので今のように特別席にすえられてはいなかった。特別席にいるということは、一見優遇されているようではあるが、じつは生活の埒外におかれているわけで、いわば正当な市民権を認知されていないことになる。

〝しごと〟をもつということは、集団の一員であるという証拠とみることができるであろう。さらに、もうひとつ重要なことがある。

〝しごと〟は、具体的に結果をうみだしていく。子どもたちは、自分が行動したその結果をたしかめることができるのである。

机を並べかえ、「食堂のようにしてお弁当をたべる」と子どもたちは言う。そうした提案が認められると、意気ごんで作業しはじめる。テーブルクロースになるものをかせという。びんをもってきて花をいけて飾る子どももでてくる。

そして、「きょうのお弁当はおいしい」と言う。

子どもたちは、自分たちのちからで生活のあり方を変えたことに感動しているのである。〝しごと〟は、生活を変えていく。よりよいものに変えていくことに役立つようなものでなければならない。

〝はたらく〟ということは、ただ労力を放出すればいいわけのものではない。監視と鞭の下で、命ぜられたノルマを果たすというのでは、ほんとうにはたらいたことにはならない。

〝しごと〟をする、〝はたらく〟ということは、人間が、人間であることを意識し、自覚した時にはじめて正しいものになるのである。

子どもたちがウサギを飼うのも、机を並べて食事の用意をするのも、そうしたものでなければならないのである。

仲間との生活

子どもたちは、集団生活にはいる。

子どもたちは、その入口でためらいをみせることが多い。いままで経験した家庭生活と異質のものが、そこにあることを直観し、たじろぐのであろう。

まず、彼らを驚かすのは、同質の人間が、多数いることであろう。もちろん、この子どもたちも、たとえば街で、多勢の人間の中にはいることはある。しかし、それはたまたまであり、一緒にいるという必然性は希薄である。しかし、いまはそれとは違い、生活の場をひとつにしていかなければならないことを、十分ではないが、これも直感的にとらえているとみていい。

ためらいや、たじろぎは、ここからくる。別のところで、子どもたちは、仲間の中ではじめて安定すると言った。それはまちがいない事実である。しかし、本質的な安定にたどりつくためには、いくつもの関門を通りぬけなければならない。

まずゆきあうのは、はじめにも言った同じような子どもたちとのであいである。

子どもの少ない家庭で育ち、町の子、村の子としての生活を経験していない子どもにとっては、この群れの中にはいることは、未知の世界へ踏みこむことと同じくらい勇気がいることである。一度踏みこんでしまえば、この壁は、さして厚くはない。新しい楽しさが感じられることさえある。

しかし、もっと強い抵抗の壁が、次々にあらわれてくる。遊びたいと思って、砂場にいく。ほかの者に占拠されていてはいる余地はない。先生に手をつないでもらおうと思う。いってみると、もう両手はふさがっている。いままでは、そうした事態にゆきあうことはなかった。はじめての経験である。思いきって踏みこんでみる。はげしい抵抗にゆきあう。拒否される。ときには手いたい目にあうことさえある。

子どもにとっては、これは容易ではない経験である。表面だけみると、マイナスの体験と言うこともできるだろう。じじつ、こうしたことから登園拒否をおこす子どもがいないわけではない。しかし、この抵抗はもう漠然とした不安とは異質のものである。子どもたちは、自分がやりたいこと、求めていることを意識しはじめてい、それを妨げられることへの不満であり、いらだちであり、抵抗感である。ここで〝妨げる〟ものは、おとなの一方的な阻止ではない。その子どもが求めることと、同じ要求が妨げられているのである。

それまで子どもたちは、おとなの庇護と支配の中にいることが多かった。求めることよりも与えられることが多く、しかも求めることは、たいていそのまま通ることが多かったのである。そのために、自分たちの興味、関心、欲求の本体にぶつかり、それを意識する機会があまりなかったと言っていい。

彼らは、自分と同じことに興味をしめし、同じことをやりたがっている〝子どもたち〟を発見する。同じ仲間をみつけだすことができたわけである。

抵抗感は、それをのりこえれば、共感になる。かよいあうことのできる何本もの通路が、そこに生まれる。一緒にやる楽しさも、ぶつかりあえる喜びも、そこから生まれてくる。

このからみあいは、けっして甘い微温的なものではない。一緒にやる楽しさは、また新しい抵抗を生む。ときには、疎外され、挫折の思いにまみれることもある。しかしそうした中で、子どもたちはやろうとする意欲がかきたてられ、自らの要求を強く意識するようになる。また一度、楽しさを共有するねうち、みんなとの行動するすばらしいエネルギーを知った彼らは、もう後退はしない。壁をこえ、新しい活動の世界を切り開いていくのである。

子どもたちは、こうしてほんとうの〝子どもたち〟の世界をつくりだす。

ここでは、彼らは、ひとりでは味わうことのできなかった大きなエネルギーを身体全体で受けとめる。できないと思っていたことの可能なことも知る。自分たちの活動の世界が広がり、分厚く、しかも中味のぎっしりつまったものであることも発見する。それはそれまで予想してみたこともない世界なのである。

しかも、ここでは、子どもたちは、もうおとなの手で支配されることはない。おとなたちの手からはなれ、自分たちでつくりだした路線にそって行動をはじめる。

行動のめあてはいつも、子どもたちの中にある。それを実現していく手だても、そうである。ひとりひとりが位置づき、その位置に与えられた役割をしっかりと守ろうとする。支配され、管理されていた時のような受け身は許されない。自分たちがつくりきめた位置であり、役割であるから、逸脱することも、勝手にふるまうこともできないし、またしようともしない。ルールも、自らのものとして守られる。

私たちが、ひとりひとりの子どものたしかな育ちをめざしていく時、一方に〝仲間との生活〟という座標を正しく位置づけておかなければならないのは、こうした理由からである。

5　生活の構造

――保育計画の基本的なとらえ方

〝全体〟としてとらえる

〝才能〟とか〝能力〟という言葉は、一種の魔力をもっている。いったん、この魔力の虜になると、子ども＝人間を、才能という尺度だけでみるようになる。人間をバラバラの才能に分解し、その束としての存在としてしかとらえなくなる。たとえて言えば、性能のよい部分品をよせ集めれば、優秀な機械がつくれると考えるのと同じように、人間をみてしまうのである。

人間は、もともと解体できるものではない。ひとつのことをするにも、全体として取り組み、かかわっている。あらゆるちからが、構造的に統合されてはたらいている。

具体的な、そして日常的な場面を思いうかべてみよう。

子どもが絵をかいている。

きのう母親といった動物園の絵である。

彼は、楽しげに（しかも真剣に）経験の糸をたぐっている。しきりに独り言を言っている。そのつぶやき（言葉）が、イメージを組みたて、表現への道を開いている。

手が動く。自分が、この手の動きをコントロールしている。彼が、このごろ自由にかき、かくことがおもしろくなったひとつの原因は、手が、自由に動くようになったからである。描きだされた〝かたち〟が、さらに記憶を刺激し、描きだす内容を豊かにしていく。かこうという意欲をドリルの尖端にして、すべてのちからが全回転した時に、この子どもは、満足のいく描画ができるのである。

ひとつの行動とみるのは、その露頭だけをみているのであり、その露頭だけを切りとって、肥大させようとするのは、正常ではない。

生活を充実したものにし、その中で子どもが主体的に行動する。豊かに、そしてたしかな経験を積みかさねる。からだの動きも、より自由になるようにしていくことも必要である。自分をとりまく事物や現象、できごとに関心を向け、興味をもってはたらきかける姿勢が生まれ、育たなければならないし、それらのものを、正しくとらえて自分の中に組みこんでいく——こうしたことが、くりかえされ、積みあげられることで、子どもの描画表現も育っていくと考えるべきである。

個々の活動を単純にきりはなして、枠の中におしこめ、型づけされたものを羅列することが、教育計画だという誤った考え方から脱出することができなくては、これからの道をともにたどっていくことは、困難なことになるであろう。

ともすれば、私たちは瑣末にこだわりがちである。末端の部分にこだわり、執拗に論議している場面にゆきあうことが多い。どれほどその論議が、まじめであろうと、その出発点が誤っているとしたら、それは徒労である。というよりも、その吟味、検討が、精細をきわめればきわめるほど、誤解が大きくなり、誤ったことが、正しいと思われる危険さえある。

生活は動いている

人間は生きている。そして、常に行動している。

したがって、その人間の生活は、常に生きて動いている。静止することもないし、停滞することもない。もちろん一定の法則によって動いてはいるが、流動的であり、常に複雑に変化しつづけるいわば〝いきもの〟である。

しかも、ひとくちに〝生活〟と言うが、その内容は多様である。多様であるばかりでなく、異質のものが、複雑にいりくみ、ふくまれている。

〝排泄すること〟と、〝絵本を読むこと〟が、同じ質のものと考える人は、だれもいないであろう。また、どちらが大切なのかを論じることは、滑稽なことである。どれも子どもの生活の一部であり、子どもが育っていくうえに欠くことのできない〝こと〟なのである。

ひとつの平面に併列することができない内容のものが、重層的にそれぞれ位置づいている。それらのものはお互いにかかわりあい、はたらきかけあいながら構造的に存在する——生活とはそうした性格をもち、そうした質のものだととらえてほしいのである。

前のところでもふれたと同じように、内容の一部をひきだし、孤立させ、固定した枠の中に、羅列することは、ほとんど意味をもたない。

多少面倒なことかもしれない。子どもたちの生活の実態をありのままみるとともに、その構造を正しくとらえることからはじめなければならないであろう。

核のある生活

〝生活〟が、ひとつの核を中心にして、構造をもつことによって、たしかなものになる。子どもの場合も、おとなと同様である。多様な内容が、複雑に組みあってなりたっている。朝、起床する。身支度をして、食事をする。園に向かう。こうした単純なことも、幼い子どもたちにとっては、容易なことではないかもしれない。ときには相当の時間と、エネルギーを注ぐことになることさえ考えられる。その中に新しい条件や、内容が組みこまれた時には、さらに困難な活動になることも予想される。真剣になって、その新しいことがらをおぼえたり、練習したりしなければならないこともあるはずである。たしかに、それに取り組んでいる時は、活動のすべてであるとみられる。

しかし、そうしたことが、その子どもの生活の中心に位置づくことと言っていいだろうか。そうではないだろう。ましてや、それらのことが〝核〟になって生活が組みたてられているとはいえないであろう。

子どもたちの生活が〝遊び〟が核になって組みたてられていくことは、あらためて言うまでもあるまい。おとなが、それぞれの立場で、社会的な仕事（たとえば職業、家事、育児など）を核にして、その生活を組みたてているのと似ていると言っていい。

この核が、豊かで、たしかな内容をもち、エネルギーを多量に内包すればするほど、その生活は豊かなものになり、しくみもたしかなものになり、活動も活発になっていく。単純な言い方をすれば、自分の遊びをもち、それに集中して遊べるようになるにしたがって、子どもたちの生活の〝たしかさ〟がますと言うことができる。

〝遊び〟が主要な核であることは、動かしがたいことである。しかし、子どもの生活が、豊かになり、内容の分化がみられるようになると、ときにこの核が、遊びからほかのことがらに移行することがある。

たとえば、こんな場合である。

グループで、誕生会の準備に取り組みはじめた。（出発点では、教師から指示されたが、今は子どもたちが自分のことと意識している場合である）。子どもたちは、話し合って、贈物をつくることをきめ、その日に演じることもきめた。そして自主的に作業にかかり、練習にも取り組みはじめたのである。

こうした時、注意深くみていると、子どもたちは、しごとの間に「遊びにいこうか」と声をかけあい、しごとを中断してほかのことをはじめることがある。この時の〝遊び〟は、いつもの生活の中心に位置づいた重みのある〝遊び〟とは、すこし色彩を異にしたものである。いわば休息に似た遊びであり、気分転換のための軽いもので、正面から本気で取り組み、集中してやるといった姿はみられない。

このように、この時点での生活の核は、誕生会の準備のための作業であり、練習だとみるべきである。全体からみれば、その比重は軽いにしても、核になっていることはまちがいのない事実である。

またときには、中心になる核と、中心にはなりえない二次的な核（これが複数のときもある）をもつ場合もあらわれる。生活が拡大し、内容が複雑になると、〝核〟そのものがこのような構造をもつようになるが、いずれにしても〝中心になる活動〟――主として〝遊び〟――を中核にし、さまざまな活動が、それにかかわりをもちながら、まとまりのある〝生活〟が生まれてくるのが望ましいのである。

教育計画が、こうした〝生活の構造〟を基盤にし、骨格にして構想されることは、言うまでもないことである。

三層構造

生活は流動的であり、複雑な内容をもつものだとみてきた。枠にはめこみ、固定してしまうことは、本質を歪め、実態を見誤ることであるとも言った。しかし、流動的であり、複雑だということは、無秩序であり、雑然としていることを指すわけではない。

前のところでみたように、〝核〟があり、その核を中心にするひとつの構造体なのである。その〝構造〟をとらえるために、次の三層を想定して、考えていくことにしたい。

◇基底になる生活

まず日常の生活がある。

朝になったら目を覚まし、洗面をし、食事をする。おとななら、仕事のために、それぞれの職場にいく。子どもの場合は、学校に、あるいは園にでかける。この種の行為、行動——排泄、午睡、入浴などさまざまあげられる——が、毎日くりかえされている。多少の変化はあるにしても、これらのことは一定の型にそって、同じようにくりかえされるのが一般的である。

身支度をする、あるいは排泄や入浴をする——これらの行動は、それ自身が目的になるような性格のことがらではない。身支度をするのは、これから仕事をするためであり、電車にのって会社にでかけるのは、これもまた仕事のためである。目的は仕事をすることであり、身支度や通勤それ自体が目的にはならない。これと同じことが、この部分の行動のすべてにあてはまると言っていい。

ともかく、私たちは、それ自体に目的をもたないが、生活していくためには、欠くことのできない行動、活動をくりかえしていることに注目しなければならない。

つまり、この種の行動、活動は、私たちが生きていく基盤をつくるとともに、目的をもつ活動の土台になる性質をもっていると言っていい。俗にこうした言い方がある。「あの人は、普段の生活がみだれているから、ろくなしごとができない」これは日常生活（だれもが、同じようにくりかえしているごく普通の）が、目的をもつ活動と切り離せないかかわりをもつ、重要な基盤になっていることをさしていると言うことができるだろう。

これを《基底になる生活》と言い、生活の第一層に仮定しておくことにしたい。

ともすれば、この部分は消極的な意味しかもたないように受けとられる危険がある。けっしてそうではない。

私たちが、人間として生きていくためには、この基盤のあり方が、健全であり、充足していなければならないのである。

保育は、子どもの生命を守り、生きるちからの基本を意図的に育てていく役目をもっている。日常生活のすべてを、秩序だて、内容化していくことを、発達に即しながら、計画的に指導していかなければならない。また、この部分で考えることがらは、おとなの場合は、ほとんど無意識のうちにおこなっていることである。しかし、まえにもふれたように子どもに（とくに幼児の場合）にとっては、学習し、身につけていくことが多いとみなければならない。

子どもたちは、はじめのうち、それらの内容（たとえば洗面にしても、排泄にしても）のほとんどは、おとなに依存しなければできなかった。衣服も着せてもらい、食事も食べさせてもらっていた。そうする中で、ひとつずつ学習し、自分のものにしていく。〝してもらう〟状態から〝自分でする〟ところに進んでいくわけである。依存から自立への変革がみられるのである。

子どもたちは、日常の生活の中で、自立し、自由になっていく。そして、自らの生活をつくっていく意欲と、それを進めていく手だてを自分のものにしていくのである。日常生活は、ひとりひとりの問題であるとともに、仲間とのかかわりによってつくられ、進められるものである。集団生活に必要なきまり、約束の理解も求められるし、集団の中に位置づき、役割をとらえ、それを遂行していくちからも身につけていかなければならない。個のたしかな生活から、社会生活への発展の路線が、ここにもあることを考えておかなければならない。

このように、《基底になる生活》は、人間としての活動の起点であるとともに、すべてを吸収してたかまっていく人間生活の基盤なのである。

◇中心になる活動

基底になる生活を土台にして、目的的な活動が構築される。生活の核になる内容を、《中心になる活動》（第二層）とよんでおきたい。

子どもにとっては、主として〝遊び〟が、その主要な部分をしめると考えてもらっていい。子どもたちは、〝遊び〟をみつけて遊びはじめる。彼らの生活は、しばらくは、それを核に回転しはじめる。

もうすこし具体的にみつめてみよう。

子どもたちは、はっきりした〝目標〟をとらえる。それは指示されたものでも、強制されたものでもない。自分たちがとらえたものであり、自分たちで取り組もうときめたものである。いま、彼らは園庭の一角に小屋をつくろうとしているのである。彼らは、その目的を実現するために手順を考える。場所もきめなければならない。イメージにみあった材料を集め、人手が必要とあれば、仲間に呼びかけもする。役割をきめ、仕事の手分けもしなければならない。集めた材料が、みんなの手で構成され、はじめに描いた小屋が、だんだんに具現されていく。

途中で〝問題〟がおこれば、知恵をだしあって解決していく。傍観することは許されない。もしそうしたものがいれば、それは仲間とは認められないのである。

この種の遊びは衝動的に短時間おこなったり、気まぐれに思いつきで、なんとなく楽しむ質の遊びではない。目標がはっきりしてい、一定の時間、集中して取り組むとともに、ひとつの〝まとまりのある活動〟といった形をとるのが普通である。(はじめは、この目標なり、テーマがぼんやりしているものでも、活動が進むにしたがって、明確になってくることもある)。

さらに、この種の遊びは、〝ひとり〟で終わらないのが普通である。だんだん集団化し、組織的に取り組むようになるものである。話し合い、役割を分担し、協業しながら活動していく姿が、もっとも自然な姿である。

子どもたちの生活の中にこの種の遊びが生まれてくることによって、生活の内容はたかまりをみせ、たしかさを加えると言っていい。

これが〝保育計画〟の最も重要な部分になってくることは、あらためていうまでもないことであろう。

さきにもふれたが、ときには〝しごと〟的な活動が、〝中心〟になることがある。

ある園では、ウサギやヤギを飼っている。子どもが生まれて小屋が狭くなった。「広くしたい」という提案が、子どもの中から生まれて、彼らは拡張工事にとりかかった。簡単な設計図をかく子どもがいる。材料を集めるものもいる。柱をたてるなど困難な部分はおとなの援助をあいだが、一週間目には、彼らの手で新しい飼育小屋ができたと言う。

また、こんな例もある。

「ままごとの家がほしい」という要求がでた。園庭の隅に空き箱やゴザで、〝ままごと〟をしていた子どもたちからの要求である。

いつも小屋づくりをして遊んでいる男の子が、そのしごとをかってでた。先にあげた飼育小屋をつくった子どもたちと同じようなやり方で、彼らは園庭の隅に小さな家をつくりあげたのである。要求をだした女の子ももちろん参加して、クレヨン染めのカーテンなども用意したのである。このような活動は、規模の差はあるが、あちこちにみられるはずである。ここでも、遊びと同じように子どもたちはめあてをもち、主体的に、組織的に取り組んでいるのである。

これらのものを、積極的にとりあげ、再構成し（意図的に整理して）、生活の中核に位置づけることを考えていきたい。

〃遊び〃や〃しごと〃の発展のひとつとして、次のような活動がみられることがある。

園の畑で、甘薯などの収穫があった。みんなでその甘薯を焼いたり、ふかしたりして〃やきいも。パーティー〃をすることになった。その準備も子どもたちが自分たちの手で進めるようにした。何年かそうしている間にそれが定着し、ただ食べるだけでなく、畑のしごとを話したり、劇化したりする。野菜ミコシをつくって、パレードをすることなどが、新しく加わっていった。〃収穫祭〃と呼ばれ、その園の重要な行事になった。

この種の行事（子どもが一方的に動かされ、形骸化された催しは、園の行事とはみていない）は、〃遊び〃〃しごと〃と並んで、《中心になる活動》の内容として位置づけることができる。

◇**系統的学習活動**

「生活すべてが学習である」という見方がある。生活すること自体、広い意味で学習であるし、具体的な場面の中で、その内容に即しながら、必要な知識や技能を身につけるということも少なくはない。その意味ですでに述べた〝第一層〟〝第二層〟の中での〝学習〟を大切にしていかなければならないのは当然である。

ことに、子どもたちの場合は、そうした意味の学習が、ほとんどすべてだと言っていいだろう。しかし、次のようなことも、同時に考えておく必要がある。

たとえば、自分の仕事に関連して、新しい技術を身につける必要がおこったとする。毎日その仕事に取り組む中でも、その技術をマスターすることは不可能ではない。しかしより効果的に、たしかなものにするためにその部分を、あらためて組織的に学習するという場合が考えられる。(社会でよくおこなわれている講習会などは、そのひとつとみていい)。

こうした場合、総合的な活動(しごと全体はこれにあたる)と違って、必要な要素が、全体から抽出され、取り組む目的が単一化される。そして学習される内容は、順次性を配慮し、系統的に組織されるのが普通である。子どもたちの生活の中にも、そうした場合があるとみなければならない。

縄とびをして遊ぶ。仲間に加わり、遊ぶことで、だんだんじょうずにとべるようになる。それが自然の姿である。しかし、そこでおこなわれている縄とびが、はじめて加わる子どもにとって、かけはなれた高度なものであるとしたら、〝加わり〟そして〝自然にとべるようになる〟という単純な言い方は、通用しなくなってしまう。

参加しようとしたら、その子どもは、とべるようになるために、〝練習する〟ことが必要になってくるはずである。

縄の動きに対応してからだを動かすことや、タイミングよくとびあがることなど、やさしいとび方から、だんだん積みあげて、高度の技術をマスターするために、順序だてて学習していく必要がある。

つまり、効率をたかめるために、組織的、系統的な学習が、求められるわけである。これを一応《系統的学習活動》(第三層)とよんでおくことにする。

単純にいえば、子どもたちの生活の中では、第三層が、完全に分化して位置づけられる割合は、あまり多くないと言っていい。とくに年齢の低い段階では、ほとんど第一層、第二層の中に吸収されると考えるべきである。言うまでもないことであるが、第三層を一般にいう〝教科学習〟と混同してとらえてはならない。第一層、第二層の活動と関連してはじめてなりたつものであることを忘れてはならない。

三層の関連

〝生活〟を一応三つの〝層〟に分けてとらえてみた。分けてとは言ったが、この三層は、強固な枠で仕切られた別個のものではない。それぞれが関連しあい、ときには重なりあい、ある時にはひとつのものとしてあらわれることさえある。

私たちは、ものごとを枠づけし、その中にはめこんでみることが、正確にとらえたと、思いこみがちである。そうした考え方、やり方になじみすぎているために、枠づけのない、あるいは不整形のものをみると、それは不確かなものだとし、それを認めるのは、いいかげんな態度だときめつけたがる体質をもっている。つまり、ものごとを〝動態〟としてとらえることに不慣れだと言っていい。

はじめから、くりかえしているように〝生活〟そのものが〝動態〟であるとすれば、この不慣れを克服しないかぎり、〝生活〟をとらえることができないし、〝三層の構造〟のかかわりを理解することは不可能である。

子どもたちの活動の具体的な場面を手がかりにして、そのかかわりをさぐってみよう。

子どもたちの組織的な遊び《中心になる活動》の萌芽は、日常生活の中にある。

数人の子どもが集まって〝おうちごっこ〟をしている。日常生活の中に、いつもみられる自然な姿である。くりかえされる間に変化がみられはじめた。お母さん役の子どもが、買い物にでかける場面が生まれ、〝お店や〟になる子どもができた。この部分がふくらみはじめ、売り買いが遊びの主軸になりはじめた。こうした展開は珍しいことではない。

よくとりあげられる〝お店やごっこ〟は、こうした遊びを組織したものとみていい。《中心になる活動》でとりあげられる遊びは、こうした子どもたちの日常の遊びを再構成したものと言っていいのである。

また〝お店やごっこ〟が、内容豊かに展開していくことと、子どもたちの〝日常生活での経験〟と深いかかわりをもっているということは、いうまでもないことである。毎日の生活の中で、店とか、買い物の経験もなく、関心ももっていなければ、遊びは空疎なものになってしまうだろうし、自分のものとしての活気のある展開も望めない。

それだけではない。

子どもたちの日頃のかかわり方も、この遊びの展開を左右する。子ども同士のかかわり、コミュニケーションの疎密も大きな条件のひとつになるし、グループやクラスでの物事への取り組み、場や物への対応がどの程度できているかによって、遊びの質も決まってくる。日常の学級づくりのあり方や、そのレベルと、遊びの深まりとはけっして無縁ではない。

〝日常の生活〟を基盤にしながら、〝お店やごっこ〟を経験する。そこで子どもたちは、いくつもの新しいことにぶつかるはずである。みんなで問題を解決するであろうし、新しい作業の仕方も経験した。グループでの仕事のやり方も、よりたしかなものになったであろうし、そのかかわり方も、さらに強化されたはずである。《中心になる活動》が、日常生活に影響を与え、その変化に作用することが、はっきりとみえるのである。

《基底になる生活》→《中心になる活動》→《基底になる生活》という循環がみられるわけである。

また一方では、こうした見方も生まれてくる。〝お店やごっこ〟では、商品づくりが、主要な内容になってくる。さまざまな材料をつかい、花をつくり、おもちゃをつくる。この時、子どもたちは、それまでに〝学習〟し、身につけた方法や技術のすべてを動員してそれに取り組む。それまでの学習したことの程度が、そこでの商品づくりをきめていくことは、当然である。また、すでに学習したことが、その中で十分いかして使われないとしたら、それまでしたことは、あまり意味をもたないとみなければならない。

さらにこんな場合が考えられる。この遊びの中で、立体的な工作に興味をもった。それを起点にし、発展させ、全体の体系に位置づく新しい活動＝教材を組織することもできるわけである。《系統的学習活動》⇅《中心になる活動》という図式が、ここにみられるのである。

こうした関係をもちながら、生活全体が、豊かになり、たかまっていくことをめざして〝保育計画〟は、構想され、実践のための生きた予想図になるのである。

Ⅱ　探究の視点

1　自由

檻の中

自由でありすぎるという声がある。

そのために子どもが〝悪くなった〟という考えが、その核にはある。幼児期から「きびしくしつけなければならない」という考え方は、依然として強い。

この人々は、自由にすることで人間は放縦に流れるという思いを強くもっている。「教育は、人間を一定の型にはめこむことである」「人間はもともとなまけ者だから、褒賞と罰とで善導しなければならない」などという考え方が、比較的容易に受けいれられている。

保育用語に〝自由遊び〟という言葉がある。だれでもが使っている。また〝自由保育〟という言葉もある。これは保育のひとつの理想的な姿だと説明する人もある。「自由に、のびのびと遊ばせたい」こういう声もきかれる。

〝自由〟は、子どもにとって大事なことだと主張しているのだろうが、はたしてどれほどの説得力のあるものになっているのであろうか。

自由遊びと言いながら、狭い園庭に子どもがひしめいている。教師は、子どもとかかわろうとしない。ときどき「あぶないからだめ」という声がとぶだけである。子どもたちは、きわめて限られた時間の間、ただ放任されているにすぎない。なかには、何をしていいのかわからず、終始うろうろしたり、友だちの遊びの妨害をすることで終わってしまう子どももいる。ここには〝自由〟はほとんどない。

クラスもきめられていない。時間割もない。「子どもの興味や、要求にそいながら、活動を展開する」と、教師は説明する。「自由保育が園の方針です」と、園長は言う。たしかにそうした〝かたち〟は、そこにはある。ところが、ひとりひとりの子どもたちは、あまり楽しそうではない。やることに自信がない。「自由にやっていい」と教師は言い、「自分で考えなさい」とつきはなされる。子どもは不安の中をただよい、教師の自己満足だけがそこにあるといった姿をよくみかける。

ここにも、〝自由〟とよぶにあたいするものはない。

「自由にのびのび遊んでいる」と言われている子どもがいる。大声をあげ、駆けまわっている。たしかに元気はいい。生き生きしているようにみえる。ベンチの上にとびあがる。花をふみしだいてかけぬける。見ているおとなたちは何も言わない。「子どもだから」みのがしているという気配もある。こうした姿は家庭でも、公園、駅、車中いたるところでみうけられる。「自由にすることは、正しいことではない」という言葉は、こうした姿からきかれるようになるのである。

ここにも、ほんとうの自由があるとはいえない。

このままでは、いずれの子どもも、自由に生きているとは言えないのである。

どんな声があろうと、子どもは、〃自由〃をもつべきだと言わなければならない。私たちは子どもに〃人間としての自由〃をえさせなければならないのである。

子どもは（人間はと言ったほうがいいのかしもしれない）、もともと不自由な存在なのである。歩くことができない。言葉で自分の意志を伝えることができない。それが言えるようになり、歩けるようになり、話せるようになり、だんだんに人間らしい自由な行動ができるようになるわけである。

自由を拘束するどころか、私たちは、子どものこうした自由を広げていくことにちからをかさなければならないのである。

ところが、子どもたちは二重の檻にいれられている。もともと不自由な上に、多くの制約をしいられている。

過保護、過剰干渉。おとなの身勝手な行動の制約、一方的な日課（しかもこれはともすれば、過密で過重であるか、きわめて退屈な空疎なものか、どちらかである）。おとなたちは、こうした足枷をはめ、それに従順な子どもに、〃よい子〃のレッテルをはろうとする。

それだけではない。最近の生活環境も、子どもにとっては檻である。

コンクリートの密室を出て、通園バスにのる。限られた遊び場にも、制約が多い。道路は、もう子どもの通路ですらなくなりつつある。子どもは、こうした中で生活しているわけである。児童憲章にうたわれた〃よい環境〃など、どこにあると言うのだろうか。

まず、子どもたちをこの檻から解放しなければならないのである。

やってごらんよ

自由への第一歩は、子どもを解放することにある。子どもたちをとりまく環境から、ときはなってやらなければならない。多少の混乱があるかもしれない。おとなが描くような理想的な姿をみせないかもしれない。しかし、それをおそれていたのでは、子どもたちを真実の自由に近づかせることができないのである。

子どもたちは、慣れた場所では、比較的自分をだしきって行動するものである。彼らは、そこが自分のものだと思っているからである。その中では、自分の行動が許容されていることを知っている。だから自由でありうる。

私たちは、まず子どもたちに「やってごらんよ」という姿勢でのぞむべきである。やっていいのだと思わせる必要がある。

ところが、その逆になるほうが多いのではないだろうか。

「できまい」「やれるわけはない」「やりそこなうのではないか」子どものちからを低くみ、しかも一方ではかけはなれた要求水準をもつがために、肯定ではなく、否定的な立場から出発する。それが子どものためになると思い、教育的なやり方だと考える傾向が日ましに強くなっている。何本もの支柱が立てられる。それが枷になり、子どもは自由に動くことを忘れてしまい、はりめぐらされた援助の網が、自由をうばう結果をまねいていることに、あんがい気づいていない。

子どもたちが、自分たちのちからでやればいつもうまくいくとはかぎらない。やり損じることもあれば、失敗もある。ときには無駄と思われるまわり道をすることもある。

そうした道を歩くことによって、子どもたちは生きる世界をさぐっていくのである。あちこちに壁があり、穴が口を開けていることも知る。その中でうるもののほうが、手とり足とりされながら、まるで舗装された道路を、何の抵抗もなく歩いて、成功した時よりも多いのである。

自由への第一歩は、この「やれる」という実感にあるのではないだろうか。

解放するということ

「子どもを解放する」という言葉が、よくつかわれる。子どもたちを、檻の中からだして自由にしようということなのであろう。

しかし、〝解放〟ということが、安易に——というよりも、〝言葉〟だけのこととして言われてはいないだろうか。

子どもを解放する、自由にする。いかにも美しい言葉だ。快い光景が展開し、理想的な状態がみられるように思える。しかし、現実はそうではあるまい。

一種のパニックになる状況も予想しておかなければならない。子どもたちは無方向に行動しはじめる。自分をコントロールするすべもわからないし、ブレーキをかけることも知らない。

ほとんど衝動的に、やりたいことをしはじめるかもしれない。また一部の子どもは（あまりにも操作されすぎている子どもたちである）、身動きできず茫然としているであろう。おとなたちは、「こんなはずではなかった」と思いはじめる。出発点の自分の立っていた位置が不確かであったことからおこったことだとは考えず、子どもの問題だときめつけ、〝解放〟したことが誤りだったと考えはじめる。

あきらめて放置する場合も少なくない。「子どもとはこんなものだ」と、そうした人々はつぶやき、心の中で人間とはくだらないものだと思うようになる。

一方では、急速に管理的にはしる人々がでてくる（こうした人々はあまりにも多い）。子どもたちにはそうしたちからはないと考える。左にゆれれば振子をあわてて右に振りもどそうとあせる。お行儀を言いだし、規律を求める。一挙手一投足まで干渉し、枠にはめようとする。子どもはやがて抑圧され、去勢される。これで秩序ができ、子どもは暴徒でなくなったと安心する。

〝解放する〟ということは、そんなことなのだろうか。一時期おこる混乱は、その人々が考えるように体質化する悪しき状態なのだろうか。

混乱なしに、自由への道はありえないであろう。なぜならば、人間はひとりひとり、みなそれぞれの要求をもっている。興味や関心もひとつではない。意欲にも、体力にも差がある。それが一つの場の中で、それぞれの生き方を求められるとすれば、全体としてまとまらないのはあたりまえといえるだろう。

全体だけにこだわるから、混乱とみえるのである。その中でのひとりひとりに目をそそげば、その時の混乱は必要なのである。そうした中から、子どもたちは自分の行動を発見し、要求することに気づき、自分が満足すること、ほかの人々との関係を感じとりはじめるのである。

たたずみ、躊躇し、「やめろ」と声をかけたがっているのは、おとなだけである。それはおとな自身が、解放されていないからである。管理体制の枠の中にいつも身を浸しているために、自らの意志で行動した経験をもたないからである。
さらに言えば、自分たちが、ほんとうの自由にふれることなく暮らしているからだと言えば極論にすぎるであろうか。

受容するということ

子どもたちは、自分の行動をみつけていかなければならない。「やってごらん」という声とともにおこるのは、混乱とともに〝不安〟である。

子どもたちはまた、自分がほんとうに何をしていいのかわからない。〝自分〟をさぐりあてるまでに、そうとうの時間がかかるものである。

子どもたちはおとなのほうをみる。その反応を敏感に感じとる。この時に、おとなが拒否の姿勢をとっているか、容認する姿勢をとっているか、あるいは無関心かが、子どもにとっては、きわめて大きなことである。

「いけません」と言わないまでも、否定している。すくなくとも肯定はしていない。こうなると、子どもはやろうとしていたことをやめるか、おとなの視野からのがれようとする。視野のそとで、認められないと感じながら行動することは、それがどんなにおもしろいことであっても、心のどこかに錘を感じる。

おとなが広い容認の場をつくってやる。

子どもたちは、その場の中で、錘をはずして行動する。楽しさをおぼえていくとともに、自分のやろうとすることの正当性を自覚するようになるわけである。

容認の場が広いだけではいけない。認めるということが、おとなが支配しやすい場の中で、操作に順応する行動だけをさしているとしたら、先に述べたことはむなしい。その場は、おとなが勝手に描く土俵ではない。

子どもが、自分でみつけ、開いていく生活圏であり、その中の行動を、私たちは認めるのである。そしてその中で子どもたちが人間らしい活気のあるいとなみをつくりだしながら、伸びていこうとする——そうしたものを認めるのである。

ほんとうの自由への展望がなければならない。そして前のところでもふれたことであるが、おとなが、〝自由〟を求め、そう生きることの価値をしっかりもっていなければ〝受容〟することもできないであろうし、そこで認めたことは、必ずしも正しいとはいえない。〝受容する〟ということは、無原則に、なんでも肯定することではない。甘やかすことでもない。

子どもが人間として求め、精いっぱい生きようとする姿を素直に認め、おとなの利害をこえて、子どもの立場にたってみることができなければならない。おとなの描くものが、子どものそれよりも狭いようではいけない。

おとなはいつも、子どもを超えて広くなければならないのである。

自由をうる

自由は、自然に存在するものではない。

先にも言ったように、子どもははじめは不自由な存在なのである。見えているものに近づくことができなくて、いらだっている子どもをしばしばみる。自分の思っていることが、うまく伝えられなくて不機嫌な子どもをみることもある。子どもは、そうしたスタート台に立っているとみたほうがよい。

自由になるのである。自由に考え、自由に行動できるようになると言うべきである。また自由に生きる世界を自らの手で獲得し、つくりだしていく。自由は与えられるものでなく、自ら手にし、創造していくものなのである。

そのために、子どもたちは、多くのものを習得しなければならない。(教育のすべてはそのためにあると言っていい)。

たとえば、こんな場合もあるのではないだろうか。

子どもたちが、のびのびと楽しそうに〝自由〟に園庭で遊んでいる。はじめから子どもたちはこうであったわけではない。いまは彼らは園庭について多くのことを知っているのである。遊具の使い方も、それらを使ってのいくつもの遊びも、また、さまざまの約束ごとも知っている。

ブランコのりに必要な技術もある程度身につけたし、砂場で山やダムをつくる仕方も上達した。また、自分が遊びたいところで、ほかのものがいた時に、どうすればその仲間になれるかも、だいたい心得ている。

彼らはけっして勝手気ままにふるまっているのではない。生活や遊びを進めていくための必要な手段や技術も手にしているし、その場に必要なことを理解もしているし、適当な判断もできるわけである。

一定のルールもとらえているし、相手を受けいれることもできるようになっている。だからのびのび行動できるわけである。自分もだせる。

そして、自分たちの正当な主張が、さまたげられるような事態がおこれば、敢然と抗議する。相手がおとなであっても、黙ってはいない。

子どもたちは自由になったのである。

自由であることは人間であること

自由であるということは、現象をさして言うのではない。すでに述べてきたようにみせかけの解放は、ほんとうの自由とは言えない。

子どもが自由であるということには、その底に（その核にと言ったほうがよいかもしれない）、子どもを人間としてみ、尊重する姿勢がなければならない。子どもだから、すこしは自由にしていいとか、子どもの間ぐらいはのびのびさせたいという、いいかげんな考え方では、自由を理解したことにはならない。子どもは人間だから、だれにも支配されてはならないのだし、抑圧されてはならないのである。心もからだも、自由でなければならないのである。生命をおびやかし、これを圧殺しようとするものに対して、人間は敏感である。しかし、心の自由、行動の自由をおかされていても（あるいはおかしていても）、あんがい気がつかずにいる。それどころか、そうすることが、必要なのだという論調が、平気で受けいれられることが多い。

あらためて言うまでもないかもしれないが、ひとつの重要な基盤、拠点として、これはっきりしておかなければならないことである。

2 自立

殻からの脱出

私たちは、よく、〝自立〟という言葉を口にする。

「あの子は、まだひとりだちができていない」と言う。おとなに依存する度合いが高く、自分で自分のことをしようとしない（あるいはできない）、子どもをさしてこう言うことが多い。

子どもが、自分のことを自分の手で処理できるようになることは、たしかに大事なことである。しかし、〝自立〟ということは、ただそれだけのことなのだろうか。

ひとりだちを言うその裏側に、「手がかかる」「手がかからなくなった」という評価の目がひかっていることがある。親が、とくにまた複数の子どもを一斉に〝管理〟しようとするおとなにとって、手がかかるか、かからないかということは、軽視できないポイントかもしれない。現実はそうにちがいない。しかしこれだけが、子どもの自立を願い、そうさせようと努力する理由であるとすれば、〝自立〟は、きわめて底の浅い手段にしかすぎない。さらに悪くすると、おとなの支配にきわめて便利な働き蜂を馴致することにもなりかねないのである。

自立は、先に述べた人間としての自由とともに考えなければならないことである。

子どもたち＝人間は、生まれてからしばらくは、ほとんど自分ひとりでは何もできない。食事も排泄も、おとなに依存しなければできない。目の前にあるものでさえ、近づいて手にすることができないのである。

生理的早産とか、体外胎児とか言われる状態から、生き、そして生活することは出発するのである。

一方、子どもたちは、ほかの動物たちのように、本能だけで生きていくことはできない。子どもたちは、既成の文化の中に生まれてくるのである。その中で、生きていくために子どもたちはさまざまなことを学習しなければならない。おとなに依存しなければならないことも少なくないし、助力もかりなければならない。教えられることもたくさんある。

依存し、教育されることは、子どもが人間として育っていく過程ではさけられないことである。必然でもあり、必要なことでもある。

しかし、この必然や必要が、すこし角度を狂わせると、子どもへの搾木《しめぎ》になってしまう。

子どもは、自らなしえないものであるという考えや、おとなが援助し、指導するということが、子どもが自分のちからで生きていこうとすることを助けるということから逸脱して、おとなの意図や、支配のもとにとじこめるちからとしてはたらいてしまうのである。

過保護、母子癒着。こうした言葉が口常語になっている。子どもたちは、いつまでもいわゆる体外胎児の状態におかれようとしている。そうすることが、親の義務であり、正常なやり方だということが、社会通念になりつつあるといえる。家庭だけではない。学校も、社会も、子どもたちを〝保護〟という名の檻の中にとじこめようしていることは、すでに前でも述べた。

そうした状況は、子どもの外にだけあるのではない。いつのまにか、子ども自身の内なるものに転化しているとみなければならない。子どもたちは、固い殻におおわれている。自分が、何ものであるのか、知る機会をもたない。どんなことができるのか、一度も知らされてはいない。

自立などということは、ただの言葉でしかないのである。

この殻からの脱出が、この道の出発点であり、ゴールだとも言えるだろう。

できる喜び

子どもたちは、ともすれば、家庭という殻から、幼稚園、保育園という殻に、そっくりそのまま移植されることになりかねない。自立ということは標傍されてはいても、子どもたちは、足枷をはめられ、遮眼帯をはめられ、おとなの指示のままに動く毎日をおくることになりがちである。なによりもまず、子どもたちに〝やることができる自由〟をからだで感じさせなければならない。

子どもたちは、本来はやりたがりやである。歩行をはじめた子どもは、手を引かれたり、抱かれたりすることをひどく嫌う。食事を自分でやれるようになったころの子どもも同様である。衣服の着脱にしてもそうである。ズボンの片方に両足をいれたり、裏がえしに着たりすることがあっても、自分でやれたことで満足する。そうした欲求をもち、ちからもまたもちあわせている。うまくない。時間がかかる。おとなたちが描いている結果とは、まるで違った結果がでる。

「だめだ」というおとなの判定が、子どもたちの出口をふさいでしまう。

指導するとは言っているものの、不要なおせっかいがはじまる。ころばぬ先の杖式の指示や抑圧の網がはりめぐらされる。子どもたちは〝やる〟ことに集中できない。何かをやりながら、おとなの圧力にいつも心をくばっていなければならないのである。

「できた」「やれた」という喜びが、自立の第一道程なのである。私たちは、ともすればその行為だけに目をとられがちである。

「あんなことができるようになった」と言う。しかし、それだけでは不十分なのである。あんなことができるようになった子どもが、そこに誕生したことを大事にしなければならない。「同じことだ」という人があるかもしれない。同じようにみえはするが、この出発点のわずかな違いは、時間がたてば大きな違いになってしまう。

私たちは、いつも何かをする主体としての子どもに、視点をおいていなければならないのである。

認める

〝やらせ〟の毎日からは、ほんとうの自立は生まれない。おだてと叱責、あるいは飴と鞭によって、子どもたちに何かをやらせようとすることは、本質をふみはずした考え方である。

強制し、その上ある時にはしかり、ある時には褒美を与えるという仕方でいけば、できるようにはなるであろう。効果がみられるであろう。しかしその多くは、みせかけの効果であることが多い。極端にいえば、そうした監視の目のないところでは、あるいは罰と褒賞のないところでは、子どもはやろうとしない。

それは、自分がやらなければと考えて行動しているのではないからである。てきぱき行動し、しっかりした生活態度を身につけているようで、その子どもは、上からの指示や、外からの評価によりかかり、とらわれている。ほんとうの自立にはまだ遠いのである。というよりも、だんだん遠い地点におしやられていると言っていい。

「では、ほおっておくか」という問いがでてくるだろう。無視もまた自立を育てはしない。〝認める〟こと、それがなければならない。「やっているな」あたたかい視線を感じる。「やれたね。よかったね」ときには言葉で、ときには言葉がなくても、表情や態度で、子どものしていることを正しく受けとめ、認めることで、子どもたちは意欲をもつ。「えらいな」とか「びっくりしたよ」などのとってつけたような称賛の飾り言葉は、むしろ大切な事実をあやふやなものにしてしまう危険がある。子どものしたことをまじめにみつめ、正しくとらえたことを、子どもにわかるように伝えることがなければならない。

そうした反応を受けることで、子どもは自分のしていることの重味を感じとることができるのである。

自立するということは、自分が自分で何かをするということだけではなく、自分の存在を自覚することでもある。

そして、自分のしたことが、自分にかえるだけでなく、同時にまわりとのかかわりをもつことであることを意識して、はじめて自立への道は開けはじまるのである。

自立は、自己の確立であるとともに、自己の拡大でもある。

意欲とのかかわり

子どもたちは、指示されて（おうおうにして強制されることが多い）やる時よりも、自ら選び、きめて行動する時のほうが、意欲的であり、持続もし、やることにたしかさがあることは、あらためて言うまでもないことであろう。

園生活の中でもしばしばみられることである。

砂場で使う遊具の管理が問題になった。おとなの側で、いくつかの〝きまり〟をきめ、子どもたちにそれによって〝管理させる〟ように指導した。約束に反した場合は、使うことを停止する罰則もきめさせた。

子どもたちがきめるということが原則であるという建て前は貫いた。子どもたちに考えさせ、話し合ってきめ、運営も子どもたちにまかせるというかたちはとった。再スタートした当初はうまくいったようにみえた。子どもたちは忠実に、そして律気に〝きめられた〟ようにやった。

しかし、時間がたつにつれ、形式はのこったが、内容は空洞化してしまったのである。教師がいちいち指摘し、後始末をするといった状態にもどってしまったのである。

こんどは、試みに子どもたちにすべてをまかせてみた。遊具をしまう場所と、出し入れする時刻だけを話し合い、あとは「みんなのものだから」ということで、子どもたちのやり方にまかせることにした。同時に「スコップがもっとほしい」などの要求にも応じていくことにした。

子どもたちの中で混乱もおこった。「みんなの」という言葉が、自分たちで独占し、ほかの子どもに自由に使わせないという受けとめ方になってあらわれることもあった。ひとつの形式が定着するまでそうとうの時間はかかったが、〝自分たちのもの〟として子どもたちの中に位置づいた。

前の場合は、かたちは、子どものもののようにみせかけてはいたが、〝やらされていた〟わけである。

子どもは、あくまでおとなの枠の中にいたわけである。私たちの求めているのは、こうしたものではない。

子どもたちが主体的に取り組み、意欲的に、「やりたい」と感じ、「やろう」と考えて取り組むものであってほしいと思っている。子どもたちの中に、こうした意欲が生まれてくるためには、いくつかの条件が必要であろう。

おとなの支配や管理のもとでは、自立への意欲は生まれてこない。おとなたちはともすれば叱咤し、鞭励しなければ子どもたちは努力しないと思いがちである。しばしばきかれる〝根性〟という言葉は、こうした土壌から生まれてくる。おとなの目がゆるやかであるから、子どもたちは弱くなり、抵抗にまけるのだ、とそうした人々は言う。これは誤りである。外からみれば、子どもたちは集中して取り組み、充実しているようにみえるが、操作されている人形にすぎない。内なるものによって行動しているのではないから、外からの圧力、あるいは操縦がとまれば、その行動は力ないものになるか、反動として、逆の方向にむかってしまうだろう。

〝うけいれる〟

意欲は、支配や、否定からは生まれてはこない。やれやれとけしかけることからも、だめじゃないかという見方からも生まれはしない。それらしい行動がみえるとすれば、それは反発か、あるいは懸命に行動してそれからのがれようとしているか、どちらかである。子どもたちは、そんな複雑な、屈折した状況の中で、人間らしく行為することはできない。

自分が、まわりから（あるいは、いちばん強いかかわりをもつおとなから）肯定され、受容されていることを感じとった時、子どもは意欲的になる。

前のところで〝まかせた状態〟をとりあげたが、それがそうである。

この点、誤ってうけとられがちである。

自立のためには、子どもをつきはなさなければならないと考えている人が、少なくない。わざわざ無視する態度を示したり、無関心をよそおうことで、子どもたちは「自分でやらなければ」と考えるようになると、その人々は信じている。

過保護と、〝受容〟し〝容認〟することとは違うのである。この人々は、子どもとかかわりをもつことで、過保護になり、干渉過多になることをおそれるあまり、まったくの別のところに立たなければならないと考えてしまう。（そうした人ほど、かかわりだすと、子どもの自由や自主性を認めようとはしない）。

子どもは、つきはなされ、自分の視野からおとなの姿をみうしない不安定になる。重要な拠点を失ない、やろうとしていたことを放棄してしまうこともある。そしてさらに〝自分でやる〟という意識さえすててしまって、逆におとなに頼ることだけを考えるようになってしまうのである。

きびしく自立を求めようとする時には、矛盾するようではあるが、おとなの広々とした〝受容〟がつくりだす世界が必要なのである。

子どもたちは、この広さと、あたたかさを感じとることで、多少困難なことにでもチャレンジしていこうとするし、自分たちで、新しく〝できること〟をみつけだし、その中にふみこんでいくのである。

自律への道

幼児期に完全な自律を求めることはできない。

しかし、今まで考えてきた〝自立〟は、先にもふれたように、ただ自分のことが自分でできる〝便利〟な子どもをつくり育てるために考えているわけではない。自立は、人間としての確立のために求められなければならないことであり、やがて、子どもたちが、自分たちの世界をつくりだすために必要な道として求めてきたわけである。

自立は、やがて自主管理へと発展していかなければならない。自主管理――これも、本来のものには距離がある（しかし、質としては直結するものとして考えたい）。

子どもたちでも、自分たちの生活を、自分たちの手で進めていくことは可能である。それまでは、ロッカーは、個人別にしてあった。それを一定の単位ごとに、グループのものにきりかえてみる。いれるものも、整理の仕方も、グループの自主的な運営にまかせてみる。子どもたちは、ひとりひとりのロッカーに自分の持ち物をいれていた時よりも、意識的にロッカーを使うようになるし、整理をするようになる。

食事の時も同じである。ある程度生活の仕方を身につけた子どもたちは、クラス全体を教師がリードして進めていくよりも、グループごとに、相談してやり方をきめさせ、自由に進めさせた時のほうが、数段、秩序があり、楽しく食事をするのである。

こうした経験を、さまざまな場面で積みかさねていくことによって、子どもたちは自分たちの生活を意識し、自分たちの生活が、自分たちの手で進められることがわかり、そうすることが、あたりまえのことであると思うようになる。

「多少、子どもたちを過大に評価していないのか」という反論が予想される。自立とか、自律ということを、幼児期に安易に言うことはたしかに危険なことである。しかし、その土台になるものは、幼児たちの生活の中に、ちゃんと用意されている。

〝遊び〟が、それである。

遊びの世界の中では、どんな子どもも自立している。自分のやりたいものを選び、それに取り組む。まわりに依存しようとはしない。というよりも、干渉されることを嫌うものである。

それだけではない。自らきめた掟を忠実に守ろうとする。自分たちの世界を、自分たちの手で管理する姿もみられる。自分勝手な行動しかできないものは、きびしく弾きだされてしまうのである。場所も、遊具も、みんなの手で完全に管理される。きめたルールに反して、場所や遊具を使うことは、許されない。この世界の中で自由に、楽しくふるまうためには、常に自分で自分をコントロールできないといけない。

つまり、自律的な行動が必須になるわけである。遊びの中では、子どもたちは、きわめて自然に、そうしているのである。

だからといって、それがそのまま、日常生活のすべてに、あらわれると期待することは、まちがいである。

遊びは、もともと子どものものであり、そのすべてを子どもがとらえている。何を、どうしなければならないかをとらえている。しかし、日常生活の中で、子どもたちに求められることのほとんどは、もともと子どもの外にあるものである。(スコップを使って穴を掘ることは、遊びの中にあるが、そのスコップを洗って片づけることは、外にあることである)。

この外にあるものを、子どもの中に置きかえることがなければならない。つまり、どうさせるかということよりも、それらのものが、自分のことであると、意識することができるようにしていくことが必要なのである。

外からの強制や、管理、形式的なしつけでは、自律の道は開けないのである。

阻害する壁

子どもたちは、自分からやろうとする欲求も、その能力ももっている。すでにふれたように、はじめての誕生日をむかえたころの子どもと、しばらくつきあっていれば、すぐわかることである。

そんな子どもが、やがて「やれない」と言いだし、「助けてくれ」とおとなに依存する姿勢をみせはじめるのは、どうしたことなのだろうか。子どもたちが、自らの足で歩き、自らの手でやっていこうとする意欲をさまたげ、もともとのエネルギーを衰弱させるちからが外からはたらきかけているにちがいないのである。

ひとつは、はじめに述べたように、子どもが本質的におとなに依存しなければならない存在であることによると言えるだろう。それがおとなと子どもの分離をむずかしいものにしてしまうのである。つまり後遺症とでもいう状態をつくりやすいのである。

最近はとくにそうした癒着の状態が、〝あるべきもの〟として受けとられている傾向がある。一般に過保護とか過剰干渉とか言われている。おとなが、際限なく子どもの中に侵入していき、子ども自身がしなければならないことをうばっている。生活も、遊びも、学習も、そのすべてが、おとなの支配下にあると言っていい。

そうした中で、子どもたちが自立できるわけはない。

幼稚園や保育園でも、ともすればこの〝いたれりつくせり式〟の対応が珍重される。父母もそれを求め、保育者たちも、それに応じることが、いわば動かしがたい基本的な姿勢になってしまっている。〝困らないようにする〟〝やりやすくする〟どんな場合でもそうしたことが、不可欠の条件だと考えられている。(これが、学校へいけば手取り足取り式の教師先導の学習につづくのである)。こうしたやり方が、どれだけ子どもの自立への自覚をさまたげることになっているかを考えなければならない。

一方では、子どもたちは〝管理〟の檻の中にいれられる。「いけません」「だめですよ」規制と禁止が指導という名で、子どもたちのゆく方をさえぎってしまう。生活指導とか安全を守るためにという意図がそこにあることは一応うなづける。しかし、多くの場合は、おとなが支配しやすい状況をつくるために、「いけません」が乱用されることになる。

さらに言えば、いわゆる〝やらせ〟と言われる、子どもを受け身にさせる保育が、これに加わる。自発的にと言い、子どもの興味によってと言うが、じつは一方的におとなが子どもにやらせている——という保育である。子どもは、どんな時でも、おとなの指示のように動くことを求められる。自分で考え、独自な行動をとる子どもは、〝はみだす子〟という烙印をおされかねないわけである。

干渉—管理—やらせ——これらが束になって、子どもたちを衰弱させているのではないだろうか。

ここでは詳しく述べる余裕はないが、子どもたちが学校に進むと、それらがさらに色揚げされる危険がある。軌道の固定した学習、制服主義に象徴される管理主義の指導。子どもたちは自立どころか、体制の中に埋没し、全体の流れに身をまかせていくという、いわば第二の習性とでもいうものを身につけてしまうのである。

よく幼児期のあり方が、青少年の生活態度を支配すると言われる。そうした一面を否定するものではないが、現在では、むしろそれ以後に、最も悪い状況がつくられているといわなければならない。

3　経験

〝知っている〟ということ

子どもたちが育っていくためには、多くのものを吸収し、自分のものにしていかなければならない。吸収し、自らのものとして組みこんでいくことが、正しく、そして堅実なものでないと、ほんとうの〝ちから〟にならないことは言うまでもないことである。

最近の子どもは、〝物知り〟だと言われている。たしかに多くのことを知ってはいる。しかも、ある部分では、母親や保育者よりも、広い情報を吸収し、日常の会話の中に組みこんでいることがある。おとなたちは、驚き、これを高く評価する。「このごろの子どもたちは、すすんでいる」と言い、「とてもかなわない」と言う。はたして、そうなのだろうか。

こんな場合がある。

厚い氷がはった。子どもたち（五歳児）は喜んで氷で遊びはじめた。はっていた氷をとってきて、その形に名前をつけたり、その厚さを競ったりしていた。そのうち、ひとりの子どもが、とってきた氷をハンカチで包みはじめた。「家に持って帰る」というのである。この子どもは、いわゆる〝物知り〟のひとりで、〝氷点〟という言葉も知っている。「水は、0度でこおるんだ」と仲間に説明をしていた子どもである。試みに彼に「いま部屋の温度は何度か」とたずねてみる。「二三度」彼は、寒暖計を正確に見てこたえるが、氷を包むことをやめない。「家に持って帰る」と言うのである。彼のまねをする子どもが、何人もでてきた。この子どもたちも、氷が凍るのは〝0度〟であることは〝知って〟はいるのである。

その知っていることよりも、いま手にしている氷の〝厚さ〟が、彼らに持って帰れそうだと思わせているわけである。

彼らの〝知っている〟ことは、本物ではない。しばらくして、ハンカチの中の氷がとけてしまって、はじめて水が、0度を境に凍り、そしてとけることを〝知った〟のである。

こうしたことは、子どもたちの世界では、いくらもみかけることである。

こんな例もある。

アゲハの幼虫をとってきた子どもがいる。飼育箱を与えると、彼は、カラタチの枝をとってき、ビンにさして、その中にいれた。アゲハが、カラタチやミカンや、サンショの葉を食べて育つことや、幼虫から、蛹になり、そして羽化することなどを、まわりの仲間に説明していた。

数日後、彼は飼育箱をのぞきながら、「ア、卵がある」と大声で言った。飼育箱の底に、小さな粒状のものがかたまってみえた。いかにも〝虫の卵〟といった感じのものである。「この卵から、生まれるかしら」と彼は言う。「生まれるかもしれないから、よくみていてごらん」と言われて彼は、毎日のように箱の中をのぞきこんでいた。その粒状のものは、乾いて小さくなり、埃の中に消えてしまったのである。

この子どもは、いつも図鑑を見ている。その中で、卵→幼虫→蛹→成虫→産卵という筋道は熟知していて、仲間にもいつも話をしているのである。幼虫が卵を生むはずはないと〝知って〟はいるが、小さな粒状（いかにも昆虫の卵を連想させる）に卵を〝感じ〟たのである。埃の中に消えてはじめて、卵ではないということがわかったわけである。

子どもたちが、ものごとを正しく認識し、たしかに〝知る〟ためには、いくつかの関門を通らなければならないのである。

じかにふれる

子どもの絵は、子どもがものごとをどのようにとらえているかを理解するよい手がかりになる。ここに、三歳児のかいた一枚の絵がある。赤い水彩絵の具で大きな画用紙いっぱいに円形がかかれている。いわゆる錯画（ぬたくり）とみられないこともない。勢いよくかかれたそれは〝大きさ〟とともに、ひとつの重量感を表現している。かいた子どもは「リンゴだよ」と言いながら、小さな手で、リンゴをもつ格好をしてみせ、「ママがくれたの」と言った。

その子どもは、小さな手で、リンゴの量を感じたのである。われわれおとなが、小ぶりの西瓜をもったのと同じぐらいに感じたのであろう。そうすれば、画用紙にかかれた大きな赤い絵の具の塊は、誇張でも、いいかげんな表現でもない。この子どもにとって、そのリンゴを実感としてかくとすれば、これ以外の表現はないのである。

子どもたちは、〝からだ〟で、ものごとを受けとめ、とらえているのである。子どものころに、大きな通りだと思いこんでいた街をおとなになってたずねてみたら、あまりに狭い通りなのでとまどったということを、だれもが経験しているはずである。これは記憶が不確かなためではない。子どものころのからだが〝小さかった〟からなのである。

客観的にみれば、不確かさや、歪みがあるにしても、これは、ものをとらえるために通らなければならない第一の関門である。からだ全体で、あるいは手や足で、そして、子どもの目の高さでとらえることを、積みあげることによって、子どもたちは、とらえ、自らの中に組みこんでいくのである。

体験する、じかにふれるというなまの経験をとびこすことは、不可能なことなのである。というよりも、そうしたなまの経験をさせることが、子どもの発達にとって、不可欠なことであることを忘れてはならないのである。

発見

牧場へ遊びにいったあと、子どもたち（四歳児）は、すすんで馬の絵をかいた。彼らは（どの子どももである）輪廓をかくと、クレヨンを操って、馬の身体一面に点（短い針のような）をかきだしたのである。どの子も、夢中になってその作業をつづけたのであった。

牧場にいった子どもたちは、馬を見て、まず「大きいね」と驚きの声をあげた。彼らはすでに〝馬〟は知っている。絵本でも見たし、テレビでも見ている。馬を牛や犬ととりちがえる子どもはひとりもいない。

しかし、牧場ではじめてであった馬は、それらとは違う馬なのである。絵本で見ているかぎり、子どもたちは、この動物を、身近にいる犬や猫と同じようにみていたのではないだろうか。すくなくとも〝見上げる〟ような大きな動物とは思っていなかったと言っていいだろう。

二番目に言った言葉は「馬にも毛がはえているんだね」であった。彼らが今までみた絵や映像の馬は、つやつやしていた。とても毛がはえているとは思いもよらなかったにちがいない。ところが現実の馬は、〝つやつや〟はしていない。子どもは、驚きの目でそれを見たわけである。だから、子どもたちは、いつもより大きい画用紙を求めた（小さくては、きのう実感した馬のイメージは入りきらない）。そして、山アラシか毛虫のような馬をかいたのである。

牧場にいき、一日馬と遊ぶことがなかったとしたら、子どもたちの馬は、いつまでも絵本の馬のままであったろう。

子どもたちにとって、この馬とのであい、それはただ〝みた〟というだけではなく、人参を与え乗せてもらった、つまり馬と遊び、生活したということが、馬の認識をつくりかえたのである。絵本の馬とは異質の馬にであい、実感し、かなり正しい認識へ近づいたわけである。

ことに幼児にとって、なまの経験が、重い意味をもっていることは、ここでもあきらかなことである。

〝経　験〟

私たちは、〝経験〟という言葉を常につかう。〝望ましい経験〟〝経験学習〟あるいは「体験や経験を大切にしなければならない」など。
常に、しかも比較的頻繁につかってはいるが、はたして正しくとらえ、深く理解してつかわれているのであろうか。疑問である。

〝はいまわる経験〟という言葉がある。これはいうまでもなく、経験をよりどころに学習を考えようとする立場を揶揄し、否定するものである。経験だけを手さぐりしていては、同じ平面をはいまわっているだけであり、高まりは望めないというのである。たしかに経験が具体的事実と切り離せないとすれば、〝はいまわる〟という要素があることは、事実である。（幼児にとっては、このはいまわることが、意味をもつ。むしろそれを軽視することによる欠陥が生まれることに注目しなければならない）。

しかし〝経験〟が、常に具体的事実と切り離せないものであり、ある段階では、同じ次元の平面上で旋回することがあるということが、彼ら（否定的立場にある人々）が言うように、人間の思考と無縁のものであり、体系化組織化できない、孤立したバラバラの体験にすぎないということにはならない。

経験は、言うまでもなく、ものごとにじかにふれ、取り組み、体験することが土台になっている。しかし、それが、そのまま〝経験〟したということにはならない。

子どもたち（五歳児）が、幼稚園から、自分の家までの通路を思いだしながら、パノラマ（箱庭）を作ったことがある。

保育者は、子どもたちに通園路の状況を思いおこさせながら、途中にあるもの（店や、施設など）を。パノラマに再現させようとした。ところが、子どもたちがあげるものは、保育者の予想したものと、大きなずれをみせたのである。当然とりあげるだろうと思っていた店や施設のほとんどはでてこない。「あそこには、クリーニング屋があったでしょ」と言っても、「ない」と言う。店では、お菓子屋とか理容店、本屋などが、わずかにあげられただけである。

銀行、郵便局など大きな建造物も、子どもたちの町のイメージには浮かんでこなかった。といって、すべてが漠然としているのかと思うと、園に近い遊歩道（車がこないので、登園路にしている）については、じつに細かい状態まで再現しようとしたのである。木の根がはっているところや、柵がいたんでいるところ、ドングリなどがたくさん落ちているところなどが、つぎつぎにとりあげられたのである。

子どもたちは、それらの道（町の道も、遊歩道も）を毎日通っている。商店や郵便局などにも母親と一緒にいったことがあるはずである。〝通った〟〝立ち寄った〟〝つれていかれた〟ということだけでは、子どもたちが〝実際にふれている〟〝じかに経験している〟ということにはならないのである。

なぜ遊歩道だけが、正確に、しかも詳細に想起されたのであろうか。ここでは、子どもたちが、主体的にかかわりをもっているのである。登園や降園の途中、根っこをとびこえたり、ドングリを拾いもした。そこで体験したことをお互いに話し合いもする。意識して行動し、行動することで、意識をゆりうごかしているのである。別の言い方をすれば、子どもたち自身の生活の中に組みこまれ、位置づいていることがらなのである。

体験したことが〝経験〟と言いうるものになるためには、それなりの筋道を通らなければならないのである。

経験と〝ことば〟

行為したことが、意識され、定着するためには、それを〝ことば〟におきかえるという過程をへなければならない。

たとえば、ひとに自分の家を教える場合を考えてみるといい。「駅をおりて一〇〇メートルばかりいくと、大きな食料品店があり、そこを右に曲がって――」と話していく。日頃通りなれた道である。すべてをみ、そして熟知しているはずなのにそうではない。語ることによって、日頃、体験していることを掘りおこさなければならないのである。別の言い方をすれば、他人に語ることによって、その道を通っていることが、意識化されるのである。

〝ことば〟にされること（必ずしも、音声化されなくてもいい）によって、体験したことが〝経験〟の中に位置づくのである。〝経験〟は、常に語りうるものと言ってもいい。

われわれは日記を書く。あるいは大切だなと思われる行動（実践記録を思いうかべてもらっていい）を文章化することがある。日常くりかえしている行動のすべてが、われわれの中に組みこまれ、重要な意味をもつものになるとはかぎらない。時間がたつにつれ、消失してしまうものが少なくない。

〝ことば〟にする、つまり文章化することによって、実践したものが意味をもち、〝経験〟のひとつとして位置づいたものになることを、だれもが〝経験〟しているはずである。

子どもの場合も同じことである。

子どもたちの絵画表現の中で〝経験画〟とよんでいるジャンルがある。

母親とデパートに買い物にいったこと、父親と魚釣りにいったこと、運動会で球入れをしたことなど、多彩な内容の絵をみることができる。

子どもたちは、その時の状況を話しながらかいていく。そして彼らのかく内容は、あったものや、途中で遭遇した事実そのままではない。興味をひかなかったことや、理解をこえたことは、すべて捨象され、ある部分は、詳細にかかれ、拡大され、デフォルメされるのが常である。彼らの文脈によって再構成された、買い物であり、魚釣りであり、球入れなのである。

体験したことが、なんらかの形で〝ことば〟になり、それが、ひとつの文体として構成されてはじめて〝経験〟になる。

こうした過程をへて、子どもの中に組みこまれたことは、消失することはない。

子どもたちに語りかけ、子どもたちも語り、そして身体で自分のことを再現させたり、絵画表現させるのは《体験→経験》へのひとつのはたらきかけだとも言えるのである。

〝問題〟としてとらえる

先ほどから述べているように、漠然とした行為や体験は、不安定なものであり、そのままでは、時間の経過とともに消失してしまうものである。（これらが、経験の土台になることを否定するものではない）。

子どもが、水たまりで遊んでいる。はじめは、ただ衝動的に水たまりにとびこみ、泥をはねかしていたにすぎないが、そのうちに彼は、ふたつの水たまりをつなげようと〝思い〟ついた。彼は棒を拾って、水たまりの間に溝をつくりだしたのである。彼は棒を捨てて、スコップを使いだし、溝のふちを高くしはじめる。行動に焦点が生まれ、つぎつぎに〝問題〟が立ちはだかる。その問題を解決するために、彼は、さまざまな工夫をする。かつて〝経験〟したことが、ひきだされ、遊びの中に位置づけられる。そして、こうした〝遊び方〟は、この子どもの遊びのレパートリーの中に加えられ、この後の遊びの中で、さまざまに変形されながらあらわれてくるのである。

遊びだけではない。子どもたちの生活の中に位置づき、その方向をきめるちからをもつ〝経験〟は、同じような過程をへてつくられるものと言っていい。

こんな場合を考えてみるといい。

子どもたちが共同でウサギを飼っている。みんなが交代で、その世話をしている。保育者（あるいは年上の子ども）に教えられた手順で、同じようにしごとを進めているが、深くみるとけっして同じではない。

ある子どもは、小屋を掃除している間、ウサギが、小屋から出ないかどうかに、常に心をくばる。終わってからも扉のカケ金を何度も点検する。この子どもは、自分が当番の時に、ウサギが逃げだして、まわりから批難されたことがあった。

また、別のひとりの子どもは、しきりに餌のことを気にしている。彼女は家で飼っていたウサギが死んだという出来事にであった。その時、子どもたちがおもしろがって与えた馬鈴薯の過食によると言われたのであった。そうした〝経験〟が、彼女のウサギ当番の仕方に大きな影響を与えていることは否定できない。

〝経験〟は、〝もの〟や〝こと〟に、ただふれあうことによってえられるものではない。ふれあうというやわらかく、漠然としたであいではなく、ぶつかり、からみあうといった取り組みがなくては、その子どもの生活体系の中に組みこまれないし、位置づかないと言っていい。

生活の文脈の中で

かつて〝遊び〟を考えた本の中で、つぎのような場面のとらえ方を述べたことがある。(『あそびの誕生』誠文堂新光社刊)
子どもが、砂場に遊びにいく。その時、ほかの子どもの遊びの痕跡がそこにあると、その子どもは、それにひきつけられて遊びはじめる。たとえば、すこし穴が掘られてい、その中に水がたまっている。まわりにスコップやバケツもおかれている。――とすると、彼は、その穴を広げ、池をつくろうとする。つまり、砂場のそうした状況が、子どもの遊びの誘因になり、方向をきめる有力な条件になる。
しかし、同じような場面で、まったく逆の反応をみせる子どもがいる。砂場にいき、前と同じ状況の中にとびこみ、いったんスコップを手にするが、それを投げ捨て、しばらく穴をみていて、砂場から立ち去ってしまう子どももみかけるのである。

同じ状態が、まったく逆の行動をひきだすのは、どうしてなのであろうか。

穴、およびそのまわりの状態をみて、遊ぶことをやめた子どもは穴掘り遊びへの興味を失ったためにやめたのではない。

彼は、その穴が、ほかの子どもの遊びの痕跡であるととらえ、遊んでいた子どもが仲間ではなく、もしそのつづきを無断でつづけたら、〝まずい〟状態になると考えたのかもしれない。(子どもたちは、そうした縄張り意識を強くもっているものである)。

あるいはまた、泥んこになって遊ぶことを、いつも母親からきびしく禁じられてい、穴にとびこんで遊ぶことで、また叱られることを思いだして、やめようと判断したのかもしれない。

いずれにしても、その子どもは、過去の経験に支配されたと言ってまちがいない。(ときには、そのことが、そうした経験をのりこえさせるちからになることもみのがすことはできない)。

このように、〝経験〟は、かつてふれたことがあるとか、ただ単に体験したことがあるということをさすのではない。体験したことが、子どもの生活の文脈の中に組みこまれ、位置づくことによって、はじめて経験したことといいうるのである。

同じことが、くりかえされることによって位置づき、経験化されることもあろうし、その体験が、一回きりの場合でも生活全体に強い意味をもち、体系の中に組みこまれる場合もある。いずれにしても、〝経験〟は、〝生活〟をとおしてえられるものであり、同時に〝生活〟をおしすすめるちからになるものであることを、正確にとらえておかなければならない。

4 模倣と創造

まねをするな

子どもが〝まねをする〟ことを、おとなたちは、あまり歓迎しない。

「あの子は、まわりの子どものすることを、まねばかりしている」と批判し、「自分で考えてやりなさい」と注意する場面によくゆきあう。

これは、おとなたちは、〝子どもの個性を伸ばす〟とか、〝創造力を育てる〟ということをひとつの重要な目標にしていることから、おこることなのであろう。また周囲の状況に左右されないしっかりした自己をもたせたいとも考えている。そうしたことからも、まねることは、好ましくないことであり、個性的な表現や、創造力を伸ばすことの妨害になると自然に考えてしまっているのであろう。

それでいて、一方では、まねることを強要してもいる。

ことごとに教師が〝示範〟し、そのとおりできない子どもには「しっかりまねよ」と言い、まねられる子どもは〝よくできた〟と称賛する。また「できている人のやることをよくみなさい」とまねることをすすめる。

それぞれにそれなりの意味はあるにしても、単純にとらえれば、きわめて矛盾したことを、同時に求めていると言えないことはない。

「まねをしろ」と言い、「まねるな」と言う。いずれの場合も、それが子どもにとって、どんな意味をもつのかということが、正しく、そして確かにとらえられての上のことであろうか。疑問である。

まねる

おとながどう思っていようと、子どもはまねる。これは動かすことのできない事実である。子どもの話し方が、母親の口調そっくりであり、それだけではなく、身振りや、表情まで相似形になるということは、よく言われることである。また、「最近、やることが変わってきたと思ったら、一緒に遊んでいる友だちがかわった」と言うことも、よくきくことである。これは子どもが、自分をとりまく環境から貪婪に吸収しながら成長していることの証拠だということができるだろう。

こうしたことは、幼い子どもたちの姿をみていると、無限に発見することができる。

ひとりの子どもが、急に「帰りたい」と言いはじめた。カバンを持って、保育室の入口でぐずぐず言っている。そのうちに、ほかの子が同じような行動をしはじめる。連鎖反応がおこり、何人もの子どもが「帰りたい」と言いだす。すべての子どもが「帰りたい」と本気で思っているのではないが、ひとりの子どもの注意をひく行動が、すぐにまわりに伝播することがある。年齢の低い子どもに多くみられる姿である。

そうした同化的な現象だけではない。ひとりが、通園カバンを前向きにかける。「○○ちゃん変だよ」とはやすことが、しばらくつづくと、いつのまにか同じ姿をした子どもが何人もできて、しばらくの間は、その変わったかけ方が、子どもたちの中に流行する。

子どもたちのこうしたやり方を、おとなたちは、軽視したり、ときには顔をしかめてみ、抑制したり、禁止したりしようとするが、もしこうしたちから——敏感にとらえ、ただちに自分の中に組みこみ、行動にあらわしていくという——が、子どもたちにないとしたら、子どもが人間として育っていく上で、困ったことになることはまちがいないことである。

子どもは、母親の言葉をまねることで言葉を習得していくということは、だれもが疑わず認めていることである。言葉だけではない。生活していくためのひとつひとつの〝しかた〟も、見様見真似で身につけていくのである。

最近、子どもが遊べなくなったという原因のひとつに、遊び集団（とくに地域の異年齢の集団）がなくなったことが指摘されている。つまり、遊びを伝承していくことが望めなくなったと言うわけである。このように遊び集団や遊びの伝承が言われるのは、子どもたちが、自ら〝まねる〟——学習し、そして習得するちからをもつことを前提にしているからである。

模倣する

今までみてきたことは、どちらかといえば意識以前の姿と言っていい。無意識ではないが、まだ取り組むという心の動きが、子どもたちの中に、はっきりしていない場合である。

しかし、いつまでもそうではない。子どもたちは、まねようとしてまねをしはじめる。しかも、今までのように、すべてのものの心に反応するというのではない。一種の選択がみられるのである。

自由時間に、子どもたちが絵をかいている。どの子の自由画帳にも、同じような人物がかかれ、家と花がかかれる。子どもたちは〝同じよう〟にできたことに満足している。

そのグループの中のひとりの子が、その絵をかきはじめた。ほかの子どもたちは、その子どもの絵に似せようと努めている。その結果同じような絵が、できたわけである。

中心になった子ども（あるいは、その絵）は、常にほかの子どもからみて〝すぐれている〟と思われている。「○○ちゃんは、絵がじょうずだ」と評価されていることもあるし、その子のすべての行動が、自分たちよりも、一段上だと思っている。つまり〝魅力のある〟存在として受けとめられているとみてまちがいない。

また、こうしたこともある。

年齢の下のクラスの子どもたちが、今までと違った遊びをはじめた。彼らは、年上の子どもたちがしていた遊びを、見様見真似ではじめたのである。たとえば、こんなことである。

今まで砂場にいっても、ただ砂をいじるだけであった。スコップをもっても、小さな穴を掘ったり、砂をはねかすだけで満足していた。ところが、大きなスコップを探しだしてきて、穴を広げようとしはじめる。ひとりの子どもは、バケツの水をその穴の中にいれようとする。「お兄さんたちがやっていた」と言い、「ぼくらも、大きな池をつくるの」と言う。スコップも、バケツも、大きな子どもの使っていたものを使おうとするし、手順も、それをなぞろうとする。完全にできないが、ともかくその通りにやろうとするのである。

こうした場合、共通していえることは、おとなの評価はどうあろうと、まねをし、とりいれるのは、子どもたちには〝魅力があること〟だということである。（したがって、年上の子どもの行動や、仲間の中で〝すぐれたちから〟——子どもからの評価——をもつとみられている者が、モデルに選ばれるわけである）。

〝模倣〟は、模倣する子どもにとっては、自分たちの中にない〝すぐれたもの〟を、自らの中に組みこもうとする行為なのである。

その意味で、模倣は、子どもたちにとっては、未知の世界にふみこんでいく、大切な通路だといえるだろう。普通、模倣するということは、他人がつくりだしたものを、ただなぞりながら歩く、きわめて安易で、消極的な仕方のようにとられている。日本人は、外国で生まれたものを器用にとりいれるが、独創性にとぼしいと——言われるのも、それである。たしかに模倣には、独創性や、創造することと相反する質があることは事実である。

しかし、子どもにとっては、〝模倣〟することによって、まだ経験したことのない世界にふみこんでいく、きわめて積極的な仕方なのである。この時、子どもたちは、けっして及び腰ではない。目を輝かせ、息をはずませながらしているということを見落としてはならないのである。

自分の発見

「ぼく、できるんだ」と、子どもが興奮した口調で言ってくる。彼は、この間から、ほかの子どもがやっていた組み木を一生懸命にみていたのである。

それが、きょうは、ほかの子どもと、〝同じように〟できたのであった。彼にとっては、〝同じように〟ということが大切なのである。それによって、彼は〝できる〟自分を発見したわけである。彼にとって、組み木ができる子どもは、自分のめざす目標であり、モデルである。モデルは、自分にないものをもっている。だからモデルであり、到達しなければならない目標なのである。同じようにできないということは、そのモデルの世界の埒外に自分がいるわけである。その埒の中に入ることによって、モデルと同質になることができるとともに、新しい世界に仲間いりすることが可能になるわけである。

「ぼくできるんだ」と言い、同じようにやりたがるということは、ただ他に追随しようとしているのではない。

できる自分を意識し、自分自身が（本人にとって）新しい世界にふみこんだという喜びの表現であり、宣言であるととるべきなのである。

〝らしく〟ということ

すこし角度をかえて、もうすこし〝模倣〟について考えてみよう。

年齢の低い子どもによくみられる姿がある。

母親のサンダルをはき、大きな買い物籠をぶらさげて歩きまわっている。「あぶないからやめなさい」と言われても、「わたし、ママ」と誇らしげに言って満足気である。

彼女にとって、第三者からみて〝母親らしく〟みえることは、なんの意味もない。サンダルや、買物籠が、母親を象徴するものであり、それがすべてでいいのである。鏡の前に座りこみ、パフで顔を白くしたり、口紅で口のまわりを真っ赤にすることでもいい。父親の通勤鞄をぶらさげることで、父親になりきってしまえるのである。

昔は、座布団をまるめて、背中におぶって喜んでいた子どもをよくみかけたが、今そうした姿をみかけることは、ほとんどない。ということは、赤ん坊を背負うということが、母親を象徴することではなくなったからである。

子どもたちは、いつまでもそうではない。四、五歳児の〝おうちごっこ〟をみるといい。ここでは先ほどのお母さんは、まったく通用しない。お母さんを選んだ子どもは、形だけではなく、お母さんの内容を演じようとする。

言葉つきまで変わってしまう。子ども役になったものには、やさしく接するし、しかもおとなとしての権威を示そうとする。食事をつくり、部屋をかたづけ、子どもの世話や、指導をやってのける。それでなければ、自分でも満足しないし、まわりから〝お母さん〟として認めてもらえないのである。

つまり、子どもは、いかにすれば〝お母さんらしく〟なるか、腐心し、努力する。

彼女は、自分の母親の口調や、いつも自分が言われ、扱われていることを、再現しようとする。

食事をする場面では、お行儀よく食べることを求め、何でも食べるのだと言ってきかせる。買い物にでかける時には、「仲よく留守番をしていなさい」と言いつける。自分の生活をありのまま反映させながら、遊びをつくっていく。

しかし、ここで気がつくのは、その〝お母さん〟が、必ずしも、その子と母親のそっくりさんではないということである。彼女の母親は、それほどやさしく、常に心こまやかに子どもを扱っているとはかぎらない。時には口やかましく、それどころか時には手がとんでくることがある——そうしたことも想像される。そんな場合でも、子どもが演じる母親は、理想に近い形に表現されることが多いのである。

子どもは、自分の中にある母親のイメージを演じているのである。そうあってほしいという典型、理想像を表現していると言っていい。よく女形のほうが、より女性らしいと言われたり、舞台に本物の貴婦人をのせると、貧相な偽者にみえると言われるのと同じことかもしれない。

ともかく、子どもは〝らしく〟やろうとする。ということは、子どもたちにとって母親(この場合は)のあるべき姿、その条件を選びだし、それをひとつの像として再構成しているのである。こうあってほしいという願望も、その中に塗りこめられている。

そこには、子どもの価値観からの主体的な選択がある。そこにあるものをただなぞっているのではない。母親の模造品でもなければ、標本でもない。その子どもが描くイメージによる創造された像なのである。

模倣することは、ひとつの創造作用だと、とらえるべきであろう。

ともすると、〝創造〟とは、まるで真空の中から、突如新しいものが生まれでることのようにとられがちである。そうでなければならないと思いこんでいるむきがないでもない。

だから、はじめにも述べたように、模倣と創造を無縁の極においてしまったり、お互いが矛盾し、相殺するもののように考えてしまうのである。そう考えるのは、つくるとか、新しいという言葉の表面の手ざわりを単純にとらえているためである。新しく生まれてくることのその底をたどっていけば、必ずたしかな根にゆきあたるはずである。その根は、そのつくり手の生活経験である。彼が、過去の生活の中で学び、身につけたものが、新しい芽を生みだす根底にあるはずである。しかもその経験が、豊かでたしかなものであり、生活の中でまだ活性をもっていることが、大切なのである。

都市には近代的な高層建築が、つぎつぎに建てられる。新しい材質のものを使い、近代的な工法で作業が進められている。われわれにとってはまったく新しい世界の出来事のようにみえる。その中で柔構造という言葉を耳にする。あの巨大な、しかもきわめて不安定な建物が、〝むちのように、しなる〟構造をもっているので、地震や大風にたえられるのだときかされる。素人には、まだよくわからない。「つまり、むかしの五重塔と同じ原理だ」と説明される。さらに、その建築家は、「いま建てられているほとんどの工法は、日本建築の昔のやり方と同じでしょう」と言う。柱をたて、戸、障子をはめこんだのと、鉄骨をたて、壁をはめこむプレハブ工法とたしかに似ている。そう言えば〝開口部の広い近代建築〟と言われるが、日本の家の開口部は、広かったわけである。ウサギ小屋と言われる日本の家がもつ、いくつかの特色が新しい住宅の中で、生きていることを知ることができる。

ある建築家の言葉に〝創造とは、すでにある文化を、新しい生活の必要、価値観から選択し、再構成することだ〟という意味のものがある。今まで、考えつづけてきたことを言いあててくれているような気がする。

子どもの場合に、視線をもどそう。

子どもたちの遊びは、彼らの過去の経験を土台にしている。彼らをとりまくものから、さまざまなものをとりいれ、模倣しながら、自分たちの遊びをつくりだしているとも言える。

たとえば、きわめて自由で定型がないようにみえる〝おうちごっこ〟などをみても、一定のパターンがあり、手つづきはきまっている。子どもたちは、そうした枠からはあまりはみだそうとはしない。だから、ちょっとみると、どのグループでも、同じことをしているようにみえ、同じことが、くりかえされているようにみえる。

しかし、よくみるとそうではない。

きょうは、変わったおうちごっこが展開している。ひとりの子どもが、電話機をもちこんだ。〝お母さん〟が、ラーメンを配達してくれと注文をしている。いままで、台所にあった皿などが、ラーメンの器にかえられる。それまで〝お兄さん〟をやらされていた男の子が、ラーメン屋さんに早変わりすることを求められる。三輪車がもちこまれ、配達ごっこが、新しい内容として組みこまれる。

それをみた数人が、別の場所でラーメン屋を開きはじめ、それを契機にして、ほかのグループのおうちごっこが、つながりをもちはじめた。

今までなかった内容が加わり、それにそって、新しい材料が必要になり、遊びの場も変化していく。同じようにみえる遊びが、別の主題によって変貌していくのである。

ときには、このラーメン屋が、遊びの核になり、食堂ごっこに展開していくこともある。

子どもたちにとっては、新しい遊びがつくりだされたわけである。子どもたちは、常に、こうした図式によって、自らのちからで、新しい活動をつくりだし、その内容を展開し、深化していくのである。

5　つ　く　る

〝つくる〟ということ

子どもたちの主な活動である〝遊び〟と、〝つくる〟こととは、切り離して考えることはできない。

紙をいじっている子どもがいる。そのうちにそれを丸めたり、破ったりしはじめる。やぶった小片をまわりにまきちらして楽しんでいる。砂場にはいりこんだ子どもは、砂をかきまわし、穴を掘り、山をつくる。両手で、砂をまるめて塊をつくる。「ケーキができた」と言いながら、いくつも並べて楽しんでいる。

空き箱がある。子どもたちはそれをみのがしはしない。中にはいって遊びはじめる。ひっくりかえして、もぐりこむ。友だちをいれておしはじめる。そのうちに、穴をあけ縄を通して、電車をつくり、仲間と電車ごっこをはじめる。そうかと思うと、いくつかの空き箱を集めてき、並べたり、積みあげたりして〝家づくり〟に熱中する。

そのそばでは、粘土に夢中になっている子どもがいる。これ、ちぎり、つなぎあわせて、〝ひかり号〟や〝怪獣〟をつくっている。ほかの子どもは、ヘラで、のばした粘土を刻んでいる。

「ご馳走をつくるのだ」と言って、掌で平たくのした〝皿〟の上に、ヘラで刻んだものを並べている。

一方では、〝お店屋ごっこ〟をしている子どもがいる。この子どもたちは、一段と高度な〝つくる〟活動に取り組んでいる。さまざまな材料を集めてきて、それを組み立てたり、加工したりして、売り買いする商品をつくっている。空き箱や空きかんで玩具をつくる。パルプ粘土で、キャンディやケーキをつくる。発泡スチロールや色紙で、寿司やおにぎりをつくるさまざまな姿がみられる。つくる作業を通らなければ、彼らのおみせやごっこは、きわめて貧弱でつまらないものになってしまうのである。

こんなグループもみられる。大積み木を積みあげて、〝お城〟をつくっている子どもたちの一団がある。そのそばでは、ネッカチーフや風呂敷で、苦心の扮装をしている女の子どもたちがいる。〝お姫さま〟になるのだと、その子どもたちは言う。場面をつくり、扮装を工夫しながら、絵本で読んだ物語を再現して遊ぼうとしているのである。

園庭では、年長の子どもたちが、規模の大きな活動を展開している。ここでは、立ち木やすべり台を利用して、小屋をつくっている。枕木や木の空き箱、縄やビニールの敷物、椅子などが、動員され、おとなの協力も求めて、本格的な作業になっている。できれば、ここが彼らの遊びの基地になるのであろう。

こうした姿は、無尽蔵に子どもらの遊びの中にふくまれている。遊びが〝つくる〟ことを必要とし、つくることによって、遊びそのものが、飛躍していくのである。それとともに、〝つくる〟ことを経験することによって、子どもたちが、人間にかくことのできない〝ちから〟を身につけ、育てていくということを見落とすことはできない。

おもちゃづくりを考える

保育の中で、このつくる活動は、昔から大切にされてはきた。手技と言われた時代もあった。折り紙、粘土、ヒゴを使っての造形などが、永い伝統をもって、保育案の中に位置づけられてきた。

そうした種類の〝つくる〟ことは、それなりの役割を果たしてきたことは認められるが、ともすれば狭い枠の中に安住し、活性のないものになってしまうきらいがある。手先だけの細工物に終わりがちである。小ぎれいな作品が生まれればそれでよしとされることが多い。そうしたことだけをねらうあまり、おとなが、ほとんどの部分をつくっておき、子どもたちが指示されたとおり、それを組みあげるにすぎないという、お手植えの松式の工作がみられる。教材屋がここに割りこんでくれれば、いわゆるセット工作になり、お土産工作に堕してしまう。

〝つくる〟という形だけが、受けつがれているあいだに、その原点が、みえなくなったと言っていい。

かつて、子どもたちの生活の中に、〝木工〟を組みこむことを考えた。三〇年も前のことになる。現在では一般化しているが、そのころは、木が幼児の工作の素材と考える習慣もなかったし、カナヅチやノコギリなどの工具は、危険きわまりないものとして、遠ざけることを考える人はあっても、とりいれるなどは、無暴、狂気の沙汰と言われたのである。

そうした状況のもとで、あえて木工を組みいれようとしたのは、別に奇をてらったわけではない。いまほどではないにしても、子どもたちは与えられたもので遊ぶことが多くなりつつあった。用意され、しつらえられた場所で、吟味された遊具を使い、おとなの後ろ楯を前提にしながらしか遊べない、これは、ほんとうの子どもの遊びなのか——という疑問をもちはじめたころである。

子どもたちは、遊ぶために、場所を選び、仲間を集める。そして、その遊びに必要な材料や道具を集め、それを使って遊ぶというのが、典型的な図式であった。

材料を集め、それに手を加えて、遊具をつくる。必要な素材を目を光らせ、知恵をはたらかせて調達することに、おもしろさの半分があった。時にはそれがすべてである場合さえあった。そうした図式を子どもたちの中に組みこむことはできないだろうか——それが出発であった。

そうした目で、子どもたちの遊びをみていると、萌芽は、いくらもみつかる。

砂場で穴掘りをしていた子どもが、棒や板片を使いはじめる。もっと掘りやすいものと空きかんや、樋のこわれたのを探しだしてくる。これもそのひとつである。

穴のあいたボールに水をすいこんで、水鉄砲にして遊んでいる子どもがいる。ダンボールの箱をつぶして、それに乗って、斜面をすべっているものもみつかる。

子どもたちは、貪婪に、そうしたものを発掘してきて、手を加えて遊びの中にとりこむのである。

しかし、多くの場合は、ちょっとした思いつきではじまり、しかも使っているものが、恒久的なものではない。時にはすぐこわれ、簡単に捨てられることが多い。もうすこし意識的に取り組む場面はないだろうか。

ないわけではない。

たとえば、紙飛行機遊びは、こうした図式がはっきりしたものである。紙を探す。飛行機をつくる。飛ばして遊ぶ。よりよい紙を探し、よりよく飛ぶ形のものを工夫する。その性能にそって遊び方を変えていく。そうしたものである。

こうした場合、素材が、はげしく、そして長時間の遊びにたえることができるものであったら、子どもたちは、素材を選び、それを使って自分たちの遊びにより適したものを意図的につくろうとするのではないだろうか。そうした考えから、木を使ってつくるという活動をとりいれようとしたわけである。

同時に、その時にでた批判（というよりも批難と言ったほうがいい）——むずかしい、危険があるということは、むしろそこに意味があると考えたと言っていい。あとで述べる抵抗感のある素材のもつ価値を意識したのであった。

素材とのであい

〝つくる〟ことと、子ども＝人間とのかかわりは、いくつもの角度から吟味していかなければならないが、まず〝素材〟との関係からみていくことにしよう。

子どもたちは、さまざまな〝もの〟にであう。

外に出て、土いじりをする。

まず、その感触を楽しむ。サラサラした砂で遊ぶ。手で集め、指の間から流して楽しむ。泥をかきまわす。こねまわす。握ってみる。塊ができる。掌の中で、ころがしながら球体に近づける。やわらかい土塊をぶっつけてみる。

紙を手にする。音がする。まるめたり、たたんだりする。抵抗なしに、紙は自由になる。破る。ちぎる。それをまきちらしたり、偶然できた形を楽しんだりして遊ぶこともある。

このように、子どもたちは、感覚で、〝もの〟と接し、対応する。これが、これからのさまざまな活動＝作業の重要な土台になるのである。

もし、こうした体験の機会が、うばわれているとしたら、子どもたちは、しっかりした土台がないまま〝つくる〟世界にはいらなければならないわけであり、ひずんだ取り組みをしていかなければならなくなるのである。

さまざまな素材とのであいを体験する中で、子どもたちは、つぎのような取り組みをはじめる。(偶然ではなく、意図して何かをはじめようとするのである)。

砂をいじっていた。感触の楽しさの中から、何かをつくりたいという、衝動がわいてくる。子どもは、手の砂をまるめはじめる。「お団子をつくろう」そう思う。しかし砂は思ったようには、まとまってはくれない。砂の〝質〟が、問題になってくる。子どもは、まわりをみまわしてみる。うまく固めているのを発見する。自分がもっている砂と、その砂の違いをとらえようと、目は光りはじめる。水分のある砂、土、粘土へと、子どもの目は移っていく。感覚を土台にしながら、それを超えたものが、はたらきはじめているのである。

対象をとらえ、その質を考えながら、自分がめざすところに迫っていく姿勢が、芽ばえたとみることができる。

土、紙、木片、石ころ、木の葉や木の実、空き箱や空きかんなど、私たちは、さまざまなものを遊びの中に投入することを考える。こうした多様な材料が、子どもたちの遊びを豊かにするとともに、その質を高めていくことを、多くの経験を通して知っている。

それは、ただ雑多なものを、無原則に、多く与えればいいというのではない。子どもたちが、素材とであい、その本質にふれうる感覚を育てることを土台にしながら、自分の目的をしっかりすえ、素材そのものを正確にとらえ、それから新しい価値をみいだしたり、加えたりする取り組みができる筋道を見通してのことでなければならないのである。

手と用具

人間と手の関係は、多くの人々によって言われ、私たちが考えを進めていく上の前提としていいだろう。

とくにつくることが、手のはたらきと不可分のものであることは、言うまでもない。

手技、手工という言葉が以前につかわれていることも、手仕事、手すさび、手間賃、手抜きなどという言葉が、仕事や作業にかかわってつかわれてきたことも、この間の消息を語っていると言っていい。

かつて、子どもたちは（というよりもおとなをふくめての人間は、と言ったほうがいいのだろう）幼い時から、手をつかわずには、生活することができなかった。すこし成長すれば、親は衣服の着脱など身のまわりのことを自分でやることを求め、助力はあまりしなかった。子どもたちは、よだれをたらしながら、帯を結び、足袋のコハゼをはめた。風呂敷に弁当をつつむ。箒で土間をはく。少し大きくなれば家事の手伝いをして、包丁や薪割りの鉈を持った。手をじかにつかい、道具を操作することが、日常生活のあちこちにあり、それをさけて通ることはできなかった。

現在のように、それらのものを、他にまかせる便利なものはなかったわけである。

手のはたらきが、人々の意識の中から消えるようになり、手を使わない子どもたちが多くなったわけである。子どもたちにとっては、〝手抜き〟の生活が、普通の姿になってしまったと言っていい。

そうした中で、先にも述べたように、〝手のはたらき〟が、人間として育つ上に、みすごすことができないものだと、あらためて言われるようになったわけである。

これは、あらたに〝とりいれる〟といった性質のものではない。最近は、こうした指摘があると、その部分だけを抜きだして、ことごとしくとりあげるのが流行している。これは正しくない。たとえば、学校などで、わざわざ鉛筆を削る時間をつくり、特訓をしたり、幼稚園や保育園で風呂敷にものをつつむお稽古の時間を特設するなどがそれである。効果がないとは言わないまでも、やはり本筋から逸脱しているのは事実である。

生活の中でのそうした取り組みの必然的な場面を、再点検することが第一である。

そして、主として遊びとともにある〝つくる〟活動をどう組織していくかが主軸になるべきである。

前の〝素材とのであい〟でみてきたことを、もう一度思いかえしてほしい。

子どもたちは、手にふれるものがあれば、それを握る。そして振りまわし、あちこちをたたいて楽しみはじめる。紙を手にすれば、まるめ、ちぎり、裂く。砂や土は、こねまわし、掘り、まるめる。ちぎったり、固めたりする。

そうした動作の中から、子どもたちの意図が芽をふき、〝かたち〟をつくりだす作業がはじまる。浮かんだイメージが、手を動かして、土の塊をケーキにかえ、粘土を犬や馬の像に変化させていく。子どもの場合は、ときには手の方が、先に〝考える〟ことすらある。

「手は、突出した頭脳」だと言われることは、こうした子どもの姿をみていると、あきらかである。

その手が、はたらきの拡大をめざしはじめる。つくる意欲がたかまり、つくりだすもののイメージが明確な形や構造をもちはじめ、その具現への方法を思考するようになると、素手は、壁にぶつかる。素材の問題もあるだろう。作業のスケールの大きさが、立ちはだかることもある。正確さや、緻密な取り組みが必要になってくることもある。作業の速度が求められることもある。

こうした時、子どもたちは〝道具〟のはたらきを意識するようになる。

素手で、砂を掘っていた子どもが、棒を探し、それを板や空きかんに変え、スコップを求める。手で水をすくっていたのが、コップやバケツを使いはじめ、ホースを利用するようになる。

紙には鋏やナイフを、木片には、ノコギリや金槌を使うことによって、よりよい仕事を、しかも能率的にすることができることを知るのである。

子どもたちは、道具を使うことによって、はたらきかける材料をより正しくとらえるようになり、作業そのものを〝考えながら〟進めるようにもなる。感覚だけではなく、知恵が、共働しはじめるのである。

イメージをつくること

こんな場面をみることがある。

粘土をいじっている子どもがいる。まるめたり、たたいたりしているうちに、細長い紐状のものができた。「ヘビみたいだ」と、彼は言う。ヘビに見立てたわけである。「こんどは、もっと長いヘビをつくるよ」と彼は、前よりも多い分量の粘土をとって、板の上でころがしはじめる。偶然生まれた形→ヘビと命名→大きなヘビ（イメージ）をつくるという意図→それにみあう分量の粘土。こうした図式が、ここにはある。ヘビが、ドーナッツになり、ワニになることがある。四角にかためたものが、パトカーにみたてられ、トラックやバスをつくるしごとに展開することもあるが、いずれも、こうした図式が、みられると言っていい。

つまり、〝つくる〟ことによってイメージが生まれ、そのイメージのふくらみによって、新しい〝つくる〟活動が展開していくのである。

箱がある。子どもたちは、それによって、自動車を描きだす。中にはいって遊びだす。からだをゆすり、擬声音を発しながら自分ひとりの自動車を楽しむ。やがてこんどは、その箱をおしはじめる。箱は走る自動車に変化する。乗客になる希望者があらわれる。漠然とした自動車像が、タクシーというやや具体的な像に前進する。このまま、タクシーごっこの方向に進んでしまうこともあるが、中には、この箱のままではタクシーにふさわしくないと考える子どもがでてくる。彼らは、紙皿などを探しだしてきて、ヘッドライトや、ミラーをつけはじめる。ナンバープレートも必要だ。空き箱をこわした厚紙に、それらしい文字や、数字をかいてとりつける。ドアは、多少困難な作業だがなんとかつくれた。そうなると、ボデーの色もこのままでは困る。彼らの経験が、総動員されて、タクシーがつくられていく。

イメージがふくらみ（時には精密になる）、それがつくる意欲をゆりあげる。つくることによって、イメージが修正され、拡大される。「こうしようよ」「この方がいいよ」「それではおかしいよ」その間にかわされるこうした言葉が、イメージとつくるしごととの相互のはたらきあいを物語る。

子どもたちがもつイメージ、構想が、複雑になり、たしかなものになるほど、つくることも豊かになり、たしかなものになる。逆にみれば、子どもたちの構成するちから、造型力が育ってくればくるほど、彼らのイメージは、より豊かになり、描く構想がよりたしかになるということもできるであろう。

この二つの側面は、常に相関し、互いに刺激しあいながら育っていくのである。

いずれにしても、〝つくる〟ことは、ただの手先の技巧だけのことではない。子どもたちが何を心の中に描き、その描いたものを、具体的な〝形〟として実現していこうとするか――そうした心のはたらきに深くかかわるのである。

人間と機械との根本的な違いが、ここにもあるのである。

目的にせまる

子どもたちは〝つくる〟活動によって、はっきり自分のめあてをとらえ、困難をのりこえながら、その実現に全力をかたむけることを経験する。

小さな活動をみても、そうした姿をみつけることは容易である。

彼はさっきから、砂山をつくっている。高さがましてくると、砂が崩れる。何度も同じことをくりかえす。彼は不満げに、手をとめて考えこむ。ある高さを彼は心に描いているのである。彼は、やり方を変えはじめた。少し積むと、スコップでたたいては固める。慎重に砂を盛っては、まわりを固める。砂も湿気の多いものを使いはじめる。ある高さになると、彼は満足気にそばにいたおとなの顔を見る。「できた」という喜びに共感することを求めているのである。

規模が大きくなり、作業が複雑になれば、こうしたことは、さらにはっきりした姿をみせる。

こんな場面をみたことがある。

動物園へ遠足にいったあと、子どもたちは部屋で、動物園ごっこをはじめた。はじめは、多少気まぐれの雰囲気もあり、子どもの出入りがあったが、中核になっている子どもたちが、動物園をつくることを提案した。

積み木や椅子で柵をつくり、その中に動物をいれようというのである。賛成者がでて、それぞれが、動物になり、その柵に入って遊びはじめた。場面が固定し、イメージが共有できるようになったためか、遊びにまとまりはできてきたが、すぐにいきづまった。

動物は、自分たちでやるのでなくつくろうということになった。キリン、ライオン、ゾウ、ワニなどがあげられた、空き箱を使って動物や乗り物をつくった経験が、こうした作業を思いつかせたのであろう。

空き箱を集め、それぞれが考える動物をつくりはじめる。適当な箱を集めること、それを構成し、接着することなど、つぎつぎに困難な事柄がでてくる。お互いのイメージをねりあわせることも容易ではない。彼らは、それにチャレンジする。

動かせる動物をつくることを考えはじめたグループもある。尾や首に紐をつけて操作しようというのである。討論し、おとなの知恵をかりながら、それに近いものに迫っていく。

「むりな作業ではないか」と、見守っていたおとなの思わくをこえて、子どもたちは前進して、それなりの成果をあげたのである。

このごろは、頭の先だけで考え、そして、動こうとしない子どもが多くなったと言われる。「こうすればいい」ということは言う。しかし実際の場面にぶつかると、手をひっこめ、何もしない。「そんな面倒なことはできない」と言い、「むずかしいよ」と尻ごみをする。そうした子どもたちは、目的に自らのちからでたどりついた喜びを知らないのである。そして自分のちからを自覚したこともない。

〝つくる〟活動は、そうした態度を許容しないのである。

仲間とともに

ひとりで、ものをつくることは可能である。仲間から離れて粘土でものをつくったり、絵をかいたりしている姿をみることは珍しくはない。

仲間とかかわりをもって、ものごとにあたるということは、つくる活動の場合に限られるということはない。ボール遊びをする時でも、食事の準備をする時でも、子どもたちは、仲間と一緒にそれにあたり、取り組むわけである。

ここで、言いたいのは、《つくる活動》＝《集団的取り組み》というのではなく、つくることが、子どもたちの仲間とのかかわりをより確かなものにしていくために、大きな位置をしめているということなのである。

人間は、ものをつくりだすことによって、仲間との生活をつくりあげた――と言われる。子どもたちの世界でも、同じことが言えるのではないだろうか。

まずみられるのは、素朴な協力の関係である。

大きな積み木で家をつくっている。ひとりでの取り組みでは限界があることに、子どもたちは気づく。「これもってよ」「手伝ってやろうか」こうした会話がきかれるようになる。素朴だが、仲間の存在が、くっきりする瞬間である。仲間ができることで、作業がうまく進行することを知るだけでなく、遊びを拡大する可能性を感じることもできる。

また、素朴な協力の中で、子どもたちは、〝分業〟を学んでいく。たとえば、こうしたことである。砂場で池をつくっている。水道の場所から、ホースで水を送る。ひとりがホースの先をもち、もうひとりが、蛇口の栓を担当する。また、こんなこともある。板を切る。押さえてくれる仲間がいることの重みをとらえる。単純ではあるが、それぞれが異なった役割をもつことで〝ひとつのこと〟が、うまくいくことを、子どもたちはのみこむのである。

遊びが複雑になれば、それはさらにはっきりしてくる。完全な役割分担が生まれ、子どもたちは、じょうずに組織的な取り組みをしはじめる。そうなると、もう自分勝手は許されない。それぞれきめられた部署を忠実に守りながら、共通のめあてにむかってしごとを進める。ときには、おとなよりもずっとすぐれた姿をみせるのである。

また、こんな場面にもゆきあう。

空きかんに穴をあけ、針金を通し、ペンキで彩色をしている子どもたちがいる。「みんなで使うバケツをつくっている」と彼らは言う。そばの砂場では、もうそれをもって遊んでいる小さい子どもたちがいる。ここでは、仲間が使うことを前提にした作業が展開しているわけである。自分のちからを、集団の中にきちんと位置づけることのねうちを、彼らはたしかにとらえていると言っていい。

運動会の道具をつくる。劇の小道具や、装置をつくる時など、子どもたちは、一段と活気づき、しかも慎重な取り組みをみせるのも、これと同じこととみていい。

大切な経験である。

6　表現活動

表情のない子どもたち

保育中の子どもの姿をとったビデオテープをみたことがある。保育者は、計画された内容を手際よく進めている。子どもたちはじつに行儀がいい。ざわめきもしないし、わき見もしない。しかしみている間に、こちらがだんだん不安定になってきた。

子どもたちの顔が、すこしも動かないのである。動かない顔が、保育者の方に向けられている。笑いもしないし、うなずきもしない。ハテナという表情もない。いわば〝死〟の面なのである。

こうした〝表情のない子どもたち〟が多くなっているのではないだろうか。

また、こんなこともある。

池をじっとみている子どもがいる。鯉がおよいでいる。「きれいだね」と語りかけてみる。その子は、何の反応も示さない。彼は、池の中で、さまざまな姿でおよぐ鯉をみていたのだと思ったのだが、そうではなかったのである。ただ池の一点をみていたにすぎなかった。こうした姿があるという報告に数多く接する。

同じ延長線にあるのではないかと思われることで、さらに考えさせられるケースがある。

前に述べた、ある保母の話――子どもが、毛虫を集めていた。これは珍しくないことである。その子が、集めてきた毛虫を地面に並べはじめた。と思うと、彼は三輪車でその上を走ったというのである。彼は別に表情を変えることもなかったし、まわりの子どもの中にも、さしたる反応がみられなかった――。

これは異常だとは言えないにしても、やはり無気味である。人間として何か欠けるものがあると言わなければならない。

鋳型におしこめられ、強い圧力を加えられている。

一方では、弾むような喜びを感じとり、それを素直にあらわすおとなが傍にいない。そうした匂いや音や、さざめきを感じたことが、この子どもたちにはないのではないだろうか。

抑制が美徳であった

もともとわれわれの世代の日本人は、自分の感情や意欲や、意志を表現することが得意ではない。外国人からみれば〝不思議な微笑〟の理解できない人間なのである。

あらわに喜びを表現しようとすれば、〝はしたない〟と言われ、おさえられる。うれしくても、悲しくても、無表情に近い態度をしめすことが、人間にとって必要なたしなみだと言われつづけてきたのである。

最近はそうしたことはない。しかし根底にあるものは、あまり変わってはいないだろう。

こんな子どもの作品をみたことがある。

猫と鼠のあらそい。何度もおいつめながら最後に鼠に逃げられてしまった猫のくやし泣きをする場面が、四場面もつづくのである。〝猫はくやしがって泣きました〟〝まだ泣きました〟〝もっともっと泣きました〟というコメントがつけられている。これをみた時に、「泣いてはいけません」と叱りつけている母親の顔を思いださずにはいられなかったのである。

何かを訴えようとすると、「うるさい」と言われる。喜んで跳びはねると、「静かにしなさい」と抑えられる。泣きでもすれば、「泣く子はだめ」と、その理由はどうあれするどく叱られる。その母親（保育者も同じかもしれない）は、〝たしなみ〟とは言わないが、子どもが感情をありのまま外にあらわすことを歓迎していないことは事実である。

こう語ってくると、「その抑制こそが、日本人の長所なのではないか」という人があるにちがいない。たしかに、日本の芸術では過剰な表現を嫌う。風景もほとんどを湿潤の中にかくそうとするし、人々の動きも、できるだけ静止したものに近づけようとする。能面などをみても、その表情はかすかである。

こうした表現は、豊かな人間の心の動きや、ものごとへの感じ方を内包しているものであって、〝とぼしさ〟や〝まずしさ〟あるいは〝枯渇〟につながるものではあるまい。ひとの心のはたらきを抑えこむことからは、生まれるはずのないものなのである。

自由な心とからだ

何よりもまず、子どもたちのからだも心も、部厚い殻からときはなたれなければならない。

生まれてすぐの子どもは、どの子どもも、自由にからだを動かすことはできない。足も、手もまだ弱く、ぎこちない。ものが握れるようになり、ふりまわすことができる。這えるようになり、歩行ができるようにもなる。こうして子どもたちは、だんだんに自由を獲得していくのである。目でものをとらえる。言葉でそれを伝えることができるようになる。そのようにして、子どもたちの世界は、開け、広がる。

子どもたちが、枠におしこめられ、重い錘をつけられるようなことがあれば、彼らの世界は、狭く、そして動きのないものになってしまうことは、言うまでもないことである。

子どもたちが、動きまわる。さわり、手に持つ。ときには口にいれなめてみる。まわりのものをたたいてみる。紙をやぶる。泥をかきまわす。ちょっとみると、何の意味もないことを、あきずにやる。

声をあげる。笑う。べそをかく。ときには泣き叫ぶ。手をたたき、とびはねる。母親をみると、かけよってとびつく。父親の肩の上によじのぼろうとする。子どもたちは、からだ全体で〝なにか〟をあらわそうとする。

こうした表現以前の姿を、私たちは、正しくとらえているのだろうか。

絵をかくという場合を考えてみよう。

二歳に近くなると、どの子どもでも、鉛筆やフェルトペンをもちたがる。そして、どこへでもかこうとする。いわゆる〝ぬたくり〟がみられるようになる。はじめは、ちぎれたような線をかいているが、そのうちにそれがつながり、円形になってくる。なれるにしたがって、線に勢いが加わり、同心円がかかれるようになる。

泥いたずらや、フィンガーペイントとの遊びと交差しながら、かくことに興味をもち、意欲もでてくる。「わたしは、○○をかくの」と言うようにもなる。それがやがて、自動車になり、馬になり、パパの顔になる。結果ではなく、かくことを楽しむ。目で追いながら手が思うように動き、その軌跡がそこにみえることを楽しむのである。

この過程を経ないで、教えられた形をなぞることしかしたことがない子どもは、表現のほんとうの喜びを知らない。

ぬたくりは、かくことの土壌である。それが豊かに、しかも深く耕されていなければ、発芽もしないし、根もはらない。

話すこと、うたうこと、身体で表現すること、いずれも同じことである。土壌を大切にしなければならない。〝表出〟これは、ただ駆け足で、できるだけ早く通りこせばいいというものではない——と、言っておきたい。

〝かく〟と〝ある〟

子どもが、粘土をいじっている。指先から何かの形が生まれてくる。「ゾウが、できたね」と語りかけてみる。子どもは、満足げにうなずく。と思ったら、そのゾウをくるくると丸めて粘土のかたまりにもどしてしまう。そして目の前で、その〝ゾウつくり〟を実際にやってみせてくれるのである。

よく〝できた〟と認められたのは、できあがったゾウ（作品）のこととしては受けとめていないのである。〝ゾウをつくる行為〟だととらえているわけである。

子どもたちにとって関心のあるのは、かき、またつくる行為そのものであり、できあがった作品ではない。もうすこしていねいな言い方をすれば、作品は、行為の結果であり、〝つくった〟〝かいた〟という自分の行為が、そこに〝形〟としてあるにすぎないのである。つくられたゾウは、その子どもから、離れて〝ある〟わけである。しかし子どもたちは〝自分〟と別個のものとしてみているのではない。自分が、そこに〝ある〟として受けとめている。

別の言い方をすれば、子どもたちは、絵をかき、形をつくることで、自分をみていると言っていいのであろう。歌をうたうことでもそうである。彼らは、他人に自分の歌をきかせようとしているのではない。うたうことで、〝自分〟が、ここにあることを確かめているのである。声をだし、その声を聞き、自らがそこにたしかにいることを全身で感じているのである。

劇遊びを楽しんでいる子どもたちをみていると、それはさらにはっきりとみられるはずである。子どもたちは、それぞれの役になりきって遊びはじめる。ウサギになった子どもは、はねまわり、ゾウになった子どもは、のっしのっしと歩きまわる。一応の共通したテーマがあり、内容はあるが、それは第一義的なものではない。自分が気にいってかいたウサギに徹することで十分なのである。自分の描いたイメージを形象化することに集中する。（自分がウサギとして、ひとつの物語の部分を演じているということを、ほかの者に示そうとするのは、この過程をとおりぬけたのちのことになる）。

子どもたちは演ずること、つまり表現することで、自分が、そこに〝ある〟ことを意識する。そして〝ある〟ことの手ごたえを楽しみ、満足しているのである。

表現活動が、まず内に向けられていることに、注目しなければなるまい。

〝作品主義〟ということ

私たちは、この表現活動について、誤りをおかすことが少なくない。

〝作品主義〟という言葉がつかわれる。子どもたちのかいた絵、あるいはつくったもののできあがりだけしか目にとめない考え方や態度をさしたものである。言うまでもなく、それを否定して言われる言葉である。

子どもがうちこんでかく。楽しんでかきこむ。その結果としての〝作品〟が、見ごたえがあり、感動をよぶものになった——それはいい。しかし、その過程をふりすてて、結果だけに焦点をあてる。その出来不出来を評価することに問題がある。そうした目で、子どもの作品をみていると、どうしても〝よい作品〟を求めたくなる。子どもたちに〝すぐれた絵〟をかかせようとする。技術を教えこんだり、指導と称して、多くのことを注文し、子どもをかくロボットにしてしまうことになる。

作品展とか、発表会とか称する行事がある。そうした場合展示する絵や造型物のできばえが気になる。どんな過程でそれらが生まれてきたかということは、問われないし、訴えようともしない。子どもから切り離された〝作品〟として評価することになる。教師の指導のよしあしが、論評される。それをさけるために、子どもの状態をこえた注入と、手なおしが、おとなの手で一方的におこなわれることも少なくはない。

　こうした誤りは、作品展の時ばかりではない。お遊戯会と言われている集会の場合にも、運動会の時にも、顔をだして、本質を歪ませてしまうことがある。「よくしこんだ」という言葉がある。子どもが、おとなの思わくのままやりとげたとみた時に、そう言われるわけである。子どもたちは、指示されたことを忠実に表現する操り人形にすぎない。操り人形に徹すれば徹するほど称讃されることになる。

　こうした誤りは、加速され、想像もできない状態をつくりだしてしまう。ハーモニカをとりいれている園がある。この楽器は、幼児に適しているものかどうか若干の疑問があるが、ここではどの子どもにも「立派な演奏ができる」として指導している。そして、その結果を〝お遊戯会〟に発表することが、慣例になっている。各クラスは、自然その成果を競うことになる。クラスの中には、うまくふけない子どもが何人かいる。当日、この子どもたちのハーモニカには、音が出ないように先生の手でガムテープがはられる。同じようにステージには並びはするが、彼らは、単なる飾り物にすぎないのである。極端にすぎるケースかもしれない。しかし、根はひとつだとみなければならないだろう。

　〝おけいこ帳〟とよばれているものが、まだいくつかの園で使われている。それぞれのページに主題がきめられていて、子どもたちに一斉につくらせた折り紙や切り紙を貼布するようにしくまれたものである。

年間の計画にそって、教師は、作業を課す。子どもたちは、指示された作り方をなぞりながら同じものをつくる。うまくできない子どもたちは、教師の援助をえて、ともかく同じものをつくりあげる。

同じレベルに〝お土産工作〟ということがある。園で製作したものを、そのつど家庭にもってかえらせるので〝お土産〟と言われるわけである。たとえば、五月のはじめ、こいのぼりの個人製作を計画の中に組みこむ。使用する材料は、教材販売者がセットをもちこんでくる半成品をそのまま利用する。半成品であるから、子どもたちは、一部に手を加えるだけで、ほぼ同じものができあがることになる。園で何かを〝やってくれていること〟もわかるし、「うちの子が、じょうずだ」「へただ」という母親たちの不安も防止できるというので、なかなか脱皮できないというのが実情だと言われている。

ここには、子どもの創造の余地はない。ただ狭い意味の手法を教えこまれるということしかない。子どもたちの中に生まれるものも乏しいし、それを外におしだすエネルギーもみられない。それでいて、一応の形の整った結果がみられるから困るのである。それはちょうど、制服に身をかためることで、子どもたちの内面はまったく問われず、「整っている」と評価するのと同じことである。

けいこごとの問題

それまでよく絵をかいた子どもが、クレヨンを持つのを躊躇するようになった。「かいてごらん」と誘うと、きまったように静物をかく。花や果物を並べたあの紋切型のものをである。そして彼は言う。「先生のところで習ったんだ」と。

彼は、絵をかくことを好んだ。母親は、ほかの子どもよりも、彼がすぐれていると思い、もう少し手を加えればその才能が伸び、結実すると思いこんだわけである。そのためには〝おけいこ〟に通わせることが必要と判断した。いわゆる〝画塾〟につれていきはじめたのである。すべてがそうではないだろうが、そこでは徹底して技法の指導がおこなわれた。形のとり方、色のぬり方をことこまかに、ていねいに教えられ、そうかくように求められた。彼はその軌道から、はずれることができなくなったのである。

幼児の〝おけいこごと〟は、今や、一種の風俗になっている。稀にみられる現象ではなく、いって当然と考えられていると言っていい。絵、ピアノ、バイオリン、バレー、歌、習字。さらに児童劇団への加入。多少おもむきはことにするが、水泳教室、アスレチッククラブ、その他のスポーツクラブ、そして英語塾など。

どれでもいい、ひとつぐらいはやらせていないと、親としての義務が果たせないと信じこんでいる人も少なくない。中には、その数を誇る人さえいる。

この人々は言う。子どもにはどんな才能があるかわからない。それを一日も早くみつけて、伸ばすのが親の責任である。才能教育とか才能開発とかいう言葉は、きわめて魅力的である。自分の思いつきを、武装するのには、うってつけである。

また、ある人はこう言う。情操教育が必要である。幼い時から、そうした環境をつくるのが、おとなの責任だと思うと。最近の私たちの生活環境、あるいは社会環境を考えると、そうした主張は一応の説得力をもつ。

しかし、実際はどうなのであろうか。

おけいこに通うために、子どもたちは自由に遊ぶ時間をうばわれている。それだけではない。ある子どもは、砂場遊びや、ボール投げをしなくなった。ピアノの先生に、指が太くなるようなことはするなと言われ、忠実にそれを守っているわけである。それに先ほどもとりあげたように、誤った技術指導が加われば、子どもを硬直化させかねない。

時折、それらの〝結果〟をみせられることがある（あえて成果とは言わない）。そうしたグループの発表会をのぞいてみる。子どもたちは教えられたようにうたい、演奏する。また踊ってみせる。すこしも楽しくないし、子どもたちも楽しげではないことが少なくない。みえるのは、子どもたちを操り、叱咤するおとなの興奮した姿だけである。

それは、特殊な場面だからいたしかたないのだ——という人があるかもしれない。素直にその言葉を受けとめることにしよう。そのほかの場面、あるいは日常生活の中で、その子どもたちが、どれほど豊かな表現を私たちにみせてくれているのだろうか。すぐれて美しいものに感動し、かすかなことにするどい反応をしめすとみられるだろうか。きわめて疑問である。

情操をたかめ、豊かな表現をする子どもたちは、そんな限られた特殊の世界から生まれるのではあるまい。日々の平常の生活が、子どもたちの自由な表現の場になっているかどうかが問題なのである。

ていい。

〝お遊戯会〟というもの

劇的表現は、子どもたちの世界では、みのがすことのできない表現活動である。不可欠と言っていい。

子どもたちは、みたこと、ふれたことを、身体全体で表現する。動物園でゾウをみれば、その姿や動作を再現して楽しむ。小さいからだを、どうすれば大きくみえるか、懸命に工夫する。仲間を集めて、〝おうちごっこ〟をはじめる。母親になった子どもは、できるだけやさしく、しかもこまやかな心づかいで、子どもの世話をし、そして叱ったり、あやしたりもする。ときには、本物の母親以上に母親らしく演じもする。

一方では、手近にあった風呂敷や布をスカートやスカーフにみたてて、〝お姫様ごっこ〟をしている子どもたちがいる。絵本でおぼえた童話の再現である。

このように劇的表現は、子どもたちにとっては、まことに自然な表現活動であり、またおもしろい、あるいは楽しい遊びである。保育の中で〝劇遊び〟がとりあげられ、子どもたちの発想や動きを土台にしながら、ひとつの〝劇〟(いわゆる劇の形式はとらないにしても、本質的な劇とみることができる)を創造することは可能であり、それを大切にすることは、けっしてまちがってはいない。ふるくから保育内容として位置づけられてきたのは、当然であると言っていいだろう。

子どもたちのこうした活動の成果を、父母に公開する試みが、ふるくからおこなわれている。一般に〝お遊戯会〟とか〝生活発表会〟とか言われているものである。作品展(あるいは展覧会)、運動会と並んでのビッグイベントのひとつとしてあつかわれてきた。

その発生と、今にいたった経緯を吟味することも必要だが、それはしばらくおくとしても、〝表現活動〟を考える時、その現状はどうしてもみなおしておかなければならないであろう。これらの行事は、たてまえは、日頃の子どもの生活、あるいは表現活動の姿を父母たちに公開して、子どもたちの生活のありのままを認識してもらうとうたいあげている。けっして特別なことをしているのではないとも解説される。〝生活発表会〟という名称が好んでつかわれるのは、そうした建て前を強調したいからであろう。

ところが、実態は、必ずしも建て前のとおりとはいえない。というよりも、子どもたちの生活とは、まったく異質のこととしてとらえ、進められるのが実際の姿である。

お遊戯会が企画され、実施されることになると、日常の保育は、そこでうちきられる。保育者の選んだ劇なり、音楽なりを、一方的に教えこむという作業が進められる。

ここでも〝たてまえ〟は、建て前としてある。子どもの状態が一応語られ、子どもたちの創造が大切にされるように言われはするが、事実は遠い。やはり見ばえがし、「よく教えこんだ」と称賛される成果が必要なのである。

おとな(保育者や父母たち)のイメージには、既成の劇や音楽のかたちがある。それがステージの上の子どもたちをみる基準になる。子どもたちは操り人形になりきらなければ、そうした成果はえられない。

坂道をころがりだした雪塊のように、そうした状況はエスカレートするばかりである。着かざった操り人形が、教えこまれた動作や台詞を無表情に叫ぶよりほかない。すこしも楽しくない楽器の演奏がつづけられる。

おとなたちは、それで満足する。

もし、そうした中で、〝たてまえ〟のとおり子どもたちのつくりだしたものを、そのままやったとしたら、そして子どもたちが、拘束の縄をたちきって、自分をだしきることがあったら、不評をまねくことは、あきらかである。

その保育者は、指導力がないという烙印をおされてしまう。支持する人は、ごく稀であろう。この種のお遊戯会は、作品主義、おけいこ帳、お土産工作、塾通いと同じ地下茎で結ばれていると言っていい。

子どもたちが、表現することの楽しさにふれ、自由に表現するちからを身につけるどころか、その芽をつみ、枯死させるとしかみられないのである。

「子どもたちが、みんなの前で演じて、自信をつけた」「ひとつのことをやりとげることの大切さがわかった」などの声をきくことがあるが、それは自己弁護にしかすぎないことが多い。

もし、こうした試みをするのであれば、それがほんとうの子どもの表現の場、創造の場としてとらえなおさなければならないのである。

伝えの意欲

作品展、劇の会などをまじめに考える人々は、必ずひとつの壁にぶつかる。それは〝みせる〟

ということである。

絵にしろ、歌にしろ、劇にしろ、子どもが自由に自らの中にあるものを表現することが大切であり、〝みる〟〝みせる〟ということは、二義的、三義的なものである、ときには弊害をもたらすものでしかない――と言う人々がいる。

たしかに、そうした批判がでる実態がありはする。着飾った人形が、おとなの手で操られているといった態の〝劇〟や〝お遊戯〟をこれでもかこれでもかとみせられ、胸が痛くなることがある。子どもの影すらない〝立派な〟作品を展示した会場でうんざりさせられることもある。コンクールと称するものになると、そうしたにおいはさらに濃厚で、手ぐすねをひいたおとなたちの意気ごみだけが火花をちらせて、鼻白んでしまう。

こうした状況があるからといって、〝みる〟〝みせる〟ということを否定することは、どんなものであろうか。

「できた」と、子どもが組みたてたブロックをもってくる。「自動車だよ」と、その子は、誇らしげに言う。「パパ、自動車で会社にいくの」その自動車のつもりなのであろう。すくなくとも、彼は、その組みたてられたブロックのかたまりに満足している。絵をかいた時もそうだし、〝ごっこ遊び〟をしている時も同じである。

イメージが湧く、それが具体化される。自分がその表現に満足すると、ほかに示そうとする。みせようとし、わかってもらおうとする。自分の中にしまっておこうとはしない。〝内語〟では満足できないのである。なんらかの形で、外におしだし、他に伝えようとする。

こうしたことは子どもだけではない。表現とは、もともとそうしたものなのである。言葉や動作による表現にしろ、絵をかくこと、うたうことにしろ、それらは自己の中にあるものを外におしだすことであり、自らの確かめのためであるとともに、他者への対話なのである。独語で終わりはしない。うちにあるものが、充実し、内燃するものが強ければ強いほど、伝えようとする意欲は強いはずである。

〝みる〟〝みせる〟ということは、言われるように〝表現〟を歪ませ、不純な要素をそれに加える悪しき条件になるとは言えない。むしろ表現活動を刺激し、活性化する要因になるとさえ言いうる。

作品や、演技が、表現する主体（子ども）からひきはがされ、枯渇した標本のように、あるいは毒々しい着色された菓子のようにあつかわれることが（あるいは、そう受けとられていることが）、問題なのである。〝伝え〟としての意味を見落とさないようにしなければならないのである。

みえはじめるために

ここで、もうひとつ心にとめておくべきことがある。

今まで好んで、しかもきわめて自由に絵をかいていた子どもが、急に「かけない」と言いだすことがある。言うだけでなく、あきらかにいらいらした態度を示すことさえある。そして最後にはかくことをほうりだしてしまう場合もある。

この子どもが、「かけない」と言うのは、かくことが、嫌いになったというのではない。

たとえばこうである。

「新幹線のパンタグラフは、どのへんについているの」とききにくる。あやふやな返事では満足しない。「適当でいい」など答えようものなら、おこりだす。「このへんだろう」と、まちがった所でもさせば「そうじゃあない」と否定する。「じゃあ、思ったようにかけば」と言うと、「でもかけない」と、いらだった声をだす。彼は、これまでは、それらしくかけていれば、それで満足していたし、平気でかきすすめた子どもである。

この子どもは、対象がみえるようになったのである。ものごとを正確に、客観的にとらえようと努力している。〝あやふや〟は許されなくなってきたわけである。

表現を的確なものにし、また豊かなものにするためには、対象をしっかりととらえなければならない。しかし、たしかにとらえることが、そのまま表現につながるとはかぎらない。ときには、それが、表現を硬直化させる原因になることがあることを見落としてはならない。認識することと、表現することが、なめらかな通路をもっているように思われがちである。太いパイプで一直線につながっているような錯覚をもちやすい。

よく「子どもの絵がおもしろくなくなった」と言われる。それまでは、自由に、しかも大胆な表現をしていた子どもが、そうした絵はかかなくなり、画用紙に向かうと考え考えクレヨンを運ぶ。形や色をしきりに問題にし、すこしうまくいかないと「まちがった」とか、「失敗した」と言って新しい紙を要求する。かいたものは、がっかりさせられるような概念的な絵である。

三角屋根の家には、窓があり、窓には必ずと言っていいほどカーテンがかかっている。庭には女の子が立っていて、花が咲いている。あるいは、スポーツカーがあり、山の上には太陽がでている。何枚かいても似たものができてしまうということになる。「おもしろくない」と言うのは、そうした状態をさしているようである。「まるで、ピカソのような絵をかいていたのに」と嘆息する。表現の枯渇をなげく。子どもが後退したような錯覚の虜になってしまうことが多い。

この時親の子どもたちに、もうすこし接近してみることにしたい。

子どもたちが、飼育しているカメをかくことにした。保育者は、さわらせたり、正面からみせたり、側面からみたりさせ、紙の上に、まだぬれているカメをおいて、鉛筆で輪郭をとろうとしたのである。

ひとりの子どもは、紙の上に、床の上を歩かせたりして、かくように誘った。〝ほんとうのもの〟に迫ろうとする子どもの試みである。

また、こんなことがある。「あの木の色は何色なの」と、たずねた子どもがいる。彼は、茶色とか、緑色とか、白色だと言ってほしいのである。さまざまな色が複雑にまざりあっているようにみえる。画用紙にかくためには何色かにきめなければならない。たとえば茶色なら茶色という枠にはめこんでみないと安心できない。それをおとな（子どもたちは、おとなは、そうしたことを正確にとらえていると信じている）に、判定してもらおうとしているわけである。「みえるとおりの色だよ」とつきはなしてみた。彼は、クレヨンの箱をもって、木の側にいき、幹に一本ずつクレヨンをあわせながら、似た色、よりそのものに近い色をみつけだそうとしたのである。これも、カメを紙の上におき、形をとろうとしたのと、同じ地盤での出来事である。

子どもたちは、〝みえたこと〟と〝かくこと〟の通路をさまざまの試みをしながら広げ、たしかなものにしていこうとする。

墨色によごれた一枚の絵がある。ちょっとみると、いわゆるぬたくりをした絵のようにみえるが、そうではない。

彼は、自分がひとりで寝たという事実を表現しようとしたのである。彼は、まず敷布団をかいた。その上に自分が寝ている姿をかき、パジャマを着せた。掛布団をその上にかけて、その模様もちゃんとかいたのである。水彩絵具でやったために、下にかいた絵は消え、結果は〝ぬたくり〟と同じようになってしまったのである。彼にとって〝かきたかった〟のは、寝ている姿ではなく、寝るまでの過程であった。その過程を、忠実に、しかも正確にかかずにはいられなかったわけである。

これも〝よりたしかに〟かこうとする子どもの姿勢がうかがえる事例と言っていい。

「かくことは、みることだ」と、学生のころ、美術の教師からくりかえして言われた。この子どもたちは、今その地点に立っているのである。

〝みる〟ということは、ただ目でみるということではないだろう。触ることも、そのひとつだし、動かしてみることもそうである。ものやことを、離れたところにおいて客観的にとらえるだけでなく、自分の生活の中にひきこんでとらえることも、大事にしなければならない。

ここでも、私たちは、子どもたちの遊び、生活をみなおすことを求められているのである。

土壌をみつめる

表現活動が、子どもたちの生活と切り離されたものでないことは、いままで述べてきたとおりである。

生活という土壌が、よく耕され、豊かな内容をもっていないと、表現が芽ばえることもできないし、豊かに茂ることも望めない。

こんな例がある。

五歳児のクラスで、〝お母さん〟をテーマにして絵をかかせた。何人かの子どもは「どうかいていいかわからない」と困った表情であった。かきはじめたほとんどの子どもは、正装しての〝おでかけ〟の姿をかいた。

その中で、ひとりの女の子は、前掛けをして、店で働く母親の姿をちからづよいタッチでかきあげたのである。この子どもの家は、肉屋で、母親は、何人かの店員にまざっていつも働いている。彼女も、ときには、店の手伝いをさせられることがある。こうした中から、その絵は生まれてきたのである。

「かけない」と言い、〝おでかけ〟しかかかなかった子どもたちは、何かしている母親の姿をみていないのである。母親が何もしていないわけではない。しかし、子どもたちの生活の中に、その行動が、位置づいていないし、くっきりした像を結ぶまでにいたっていないのである。

よく夏休みの絵日記のために、どこかへつれていく――という声をきくことがある。やや漫画めいたこうした発想にも、多少の理はあると言えるだろう。体験し、心にのこるようなことがないと、子どもたちが絵をかき、文をつづることができないと、その人々も考えているわけである。同時に、自分たちの日常の生活が、内容のない、なんの感動もよばないものだと、きめてかかっているわけである。

もしこの人々が、日常生活をみなおし、その中にあるものを、正しくとらえることができれば、「どこかへつれていかなければ」など言わなくなるであろう。生活の中に何もないのではなく、その中にあるものをみつめ、感じとることが、できなくなっているのである。あらたに何かをつけ加えるのではなく、生活の中で、感性をするどく研ぎすますすべを考えるべきである。

7　しごと

ヤギのいる幼稚園

この幼稚園には、数頭のヤギがいる。何度も子どもが生まれ、もちろんここで飼われているが、そのうち何頭かは、知り合いの園におくられている。世話をしているのは、言うまでもなく子どもである。（先生たちが、かげで援助していることは、当然のことである）。この園には、これらのヤギのほかに、ウサギやニワトリもいる。ちょっとした小動物園の態である。

また敷地の一部は畑になっていて、それぞれのクラスが、さまざまの野菜を栽培している。トマトがあり、ナスビやキュウリがあり、カボチャが花をつけている。裏山の茂みには、クリやアケビが植えられていて、季節になると実をつけ、子どもたちはそれを採るのを楽しみにしている。

「どうしてそうしたことを」と、疑問をもつ人々もあるにちがいない。一般に保育内容に『飼育・栽培』ということがうたわれていて、「動物や植物に親しみをもち、愛する心を養う」ことが大切だと言われている。園庭の一部に禽舎があり、一隅に花壇がつくられているのが普通の姿である。そうした範囲で〝飼育〟や〝栽培〟をとらえている人々からすれば、この園のやり方は、あまりにもおおげさである。「何もそこまで」という声がでてくるのは、当然であろう。

この園は、農村や、田園が多くのこる郊外にあるのではない。住宅地の一角に一万平方メートルを超える土地をもち、自然の状態を保っているのであるから、その努力だけでも容易ではない。運営の土台づくりをして、裏方の仕事をうけおう園長をはじめ先生方の労力もなみなみならないものがある。野犬などから家畜を守るために、園長は、夜中に見まわりをするということさえきいた。こう言うと「なにもそこまでしなくともいいのではないか」という声が、さらに高まることが考えられる。

ここで、その園長の意図をきかなくてはなるまい。

「子どもが自然の中で暮らし、遊び、そして学びとることを、保育の軸にすえる」要約すると、こうしたことになるだろう。そのために、こうした環境をつくることは、欠くことができない——と、その人は言う。とくに子どもが、自然から切り離され、人間としてしごくあたりまえの生活ができなくなっている現状に、危機感をもっている。どんな努力をしてでも、これだけの条件を整えることが必須、不可欠なことだと考えている。

点景としての花壇や禽舎では、不十分であり、ペットとしての動物では、意図するものが生まれてこないと、この人は強調するのである。

それだけではないだろう。この園の子どもたちのヤギやウサギ、ニワトリなどとのかかわり(かかわりというのは、すこし消極的すぎるかもしれない)をみていると、一般に言われている〝親しみ〟とか〝愛情〟を超えた何かがあると言わなければならない。

ヤギに草をやり、柵をなおす——そうしたさまざまな活動が、生活の一部になっているのである。そのあたりを、もうすこしほりさげてみる必要がありそうである。

はたらかなくなった子どもたち

「子どもたちは、何もしなくなった」という声をきくようになってから、久しい。〃はたらかない〃という言葉におきかえてみてもいい。「はたらかなくなった」のか「その必要がなくった」というほうがいいのか、ともかくほとんど何もしないでも、生活できるようになったのは事実である。

朝おきると寝具を片づけ、手わけをして掃除をした。ある時には、食事の手伝いをする。学校から帰ると、〃お使い〃にいったり、弟妹のお守りをする。夕方になると風呂の水くみをする。そうした家庭内の仕事は、いまはない。

用意されたものを食べ、学校にいき、帰ってくると部屋は掃除されている。買い物は、スーパーで一括買いこまれるので、子どもの出る幕は、めったにない。「風呂の水をくむこと」など言っても、もう通じるわけはない。農村でも同様である。

かつては農繁期には学校が休みになり、子どもたちは、農事の手伝いをした。平常の日でも、子どもたちは親のしごとの協力者であった。しかし現在では、ほとんどそうしたことはない。

子どもの手はかりなくてもよいということと、子どもが手をだすことがむずかしいという両方の条件が、家庭でも、仕事場でも、その姿を変えてしまったと言っていい。子どもは、おとなたちのしごとの外で、勉強をしていればいいということになってしまったのである。

子どもが怠けものになったと言っているのではない。かつては〝勤労奉仕〟という言葉で、子どもたちを、労働力として動員しようとしたことがある。その再現が必要だと言っているのではない。あるいはまた精神修養のひとつとして、しごとに取り組ませる風潮があった。そうした復古的精神主義の再生を望んでいるわけではない。子どもが、遊びや学習を生活の中核にすえることはまちがっていないし、過酷な使役から切り離されることは、むしろ望ましいことである。苦役に似た勤労が、どれほど人間を衰弱させたかという事実を、私たちはこの目でみている。

しかし、現在、私たちがみている子どもたちの状態は、それでよしと言いきるわけにはいかない。問題のひとつは、子どもたちが、常に消費する立場にしかいないと言うことである。これは子どもだけではなく、私たちも、同じことである。自分たちをとりまく〝もの〟が、どんな手づきでつくられているのかということに、すこしの関心もしめさない。関心はただ消費へむかっているということは、あらためて言うまでもないことである。「消費は美徳だ」という言葉をきかされたのは、そう遠い時のことではない。〝使い捨ての時代〟とも言われた。そうしたころに青少年期をおくった人たちを親にもつ子どもたちであることを見落としてはならない。

もうひとつは、〝生産のための労働〟への無関心ということもとりあげておかなければならない。

かつての子どもたちは、直接の体験はないにしても、〝生産〟や〝労働〟ときわめて近い距離で暮らしていた。

農家であれば、常に親たちの農事の話を耳にした。雨が降る、降らないということはおとなと同じように心をいため、あるいは喜んだ。作物がもつ、ほんとうの重みを十分に理解できないにしても、すくなくとも感じとることができた。

町の子どもも、同じであった。

農家の人々が、直接もちこんでくる野菜にふれることができた。農家の人々の節くれだった指とともに、大根や人参をとらえることができたのである。それだけではなく、町には、多くの職人がいた。その人々が、〝もの〟をつくりだす姿を毎日のようにみて暮らした。

そしてさらに、自分たちが、身につけ、口にするもののほとんどが、おとなの手によってつくりだされていることを、じかに知ることができたのである。

自分たちの身近にいるおとなのほとんどが、〝もの〟をうみだし、つくりだす人々だという認識が、きわめて自然なかたちで、しかも根づよく形成されてきたのである。

現在は、そうした状況ではない。

そうであれば、かつての子どもたちが体験したのとは、異なったかたちで、〝はたらく〟意味や、〝つくりだす〟ということの意義を、学習させることを考えなければならないのではないだろうか。困難であるにしても。

〝はたらく〟ということ

はじめにとりあげた〝ヤギのいる園〟の実践にもどることにしよう。

子どもたちは、〝からだ〟を動かしてはたらかなければならない。野菜屑を集め、草をかる。

それらを食べやすくして、ヤギに与える。ときには、小屋の掃除もしなければならない。気まぐれに取り組むことも許されなければ、手を抜くことも許されない。ヤギは、〝生き〟ているのである。子どもたちはこわれた柵から野犬がはいりこんで、大事なヤギが死んだとい事実にもぶつかっているのである。

自分たちのはたらきの意味が、これほどはっきりととらえられることは、ほかにはないと言っていい。

ヤギや、ウサギが子どもを生む。それが容易でないことも実感できるし、その子どもたちが、自分たちの〝はたらき〟によって育っていくこともわかってくるのである。

また、こうしたことも経験する。

畑で小松菜や、カボチャを育てる。種子を播き、苗を植え、毎日水をやる。雑草もとる。そこでつくったものの一部を、ヤギたちの餌にすることもある。

いままで、あまり関心をもたなかった、人間のはたらきと、動物や植物の成長のかかわりが、たしかな図式となって心の中に刻みこまれる。

人間が、土にはたらきかけ、それを根底にすえながら、野菜をつくり、家畜を育てていくという労働、生産の輪郭も、とらえることができるわけである。

そして、そうしたことにかかわることができた〝自分〟をさぐりあてた手ごたえに、感動する。

この〝よろこび〟は、さらに広がる。

子ヤギが、成長する。ほかの幼稚園の求めに応じて送りだす。その園から、お礼の手紙や絵が送られてくる。まだあったこともない〝友だち〟とのつながりを、具体的なかたちでとらえることができる。

自分たちの〝はたらき〟が、自分たちの世界を拡大していくことも実感できると同時に、〝よろこび〟や〝たのしさ〟を共有できる仲間がいることも実感できるのである。

また、次のような場面でも、子どもたちは自分たちの〝はたらき〟のねうちを感じとっているのである。

この園では、秋の一日〝収穫祭〟をおこなうことにしている。あるクラスでは畑でとれたものでみこしをつくる。またあるクラスでは種を播いてから、収穫までの自分たちがしたことを劇にしくんで、仲間に披露する。それぞれの子どもたちが、話し合い、作業しながら、楽しい集会をつくりあげていくのである。そして園庭にすえられた大きなナベで、イモ汁をたいて、みんなで食べる。日常野菜を敬遠している子どもも、何度もおかわりをしたがると言う。ここで食べる野菜は、スーパーで買い求めた野菜ではない。子どもたちが「おいしい」と言って食べているのは、じつは野菜ではなく、〝自分たちのはたらき〟なのである。

〝はたらく〟意味とか、〝はたらく〟喜びなどということを、観念として教えこむことはたいした意味をもたない。(かつてのお百姓さんありがとう式の訓話)。そうしたおしつけを超えて、子どもたちは〝はたらくこと〟の本質に近づき、それにふれているわけである。

〝つくりだす〟子どもたち

土を掘る。石をのぞく。大きなしごとはできないにしても、子どもたちは、土にはたらきかける。固かった土が、やわらかくなり、黒い色をみせる。種を播く。水をやる。単純なしごとだが、子どもたちは、誠実にその作業をつづける。

発芽し、それが成長して、〝なっぱ〟になる。その〝なっぱ〟をきざんで、味噌汁をつくる。先生に手伝ってもらって、イモの苗を植える。蔓がのびる。時期がきて土を掘ると、土の中にイモができている。小さなやせたイモだが、けっこう食べることができる。

とりたてて言うほどのことではないかもしれない。しかし、子どもにとっては、容易でない〝体験〟だとは言えないだろうか。

あの小さな黒い種が、〝なっぱ〟になる。二〜三〇センチの蔓の切れはしが、イモをつける。それを不思議と思い、その不思議さに感動する。そして、そうした不思議さや感動に、自分たちのはたらきが深いかかわりをもっていることを彼らは、ここで感じとっているはずである。

人間が、〝もの〟にはたらきかけ、それに新しい意味や、価値を加える。いのちを守り、育てる。より豊かで、内容のある生活をつくりだすために、私たちは、さまざまなものをつくりだしてきたわけである。そうした〝生産〟のいとなみの、素朴な体験を、子どもたちは、ここでしているのである。

はじめにもふれたように、私たちの生活では、すでにつくられたものを使うことがほとんどである。つくりだすしごとの担い手のひとりであることを実感することはあまりない。たしかにそれは素朴であり、見方によっては〝箱庭〟にすぎないと言われるかもしれないが、たとえそうであっても、〝担い手〟としての体験を軽くみるべきではない。

考えるはたらき手

〝はたらく〟という言葉をもちだしてくると、私たちはともすれば、ただ黙ってからだを動かすという姿を思いうかべやすい。まただれかに命ぜられ、指示されたことに従いながら、忠実にそれを実行する態度を考えがちである。そうではないはずである。

ある小学校の教師の実践から学んでみよう。その人は一年生を担任した。教師のポケットには、いつも二種類のカードが入っている。それには〝にんげん〟〝ねずみ〟と書いてある。

一日の生活の中で、子どもたちは、自己評価をし、あるいは友だちの評価をする。「○○ちゃんは、〝にんげん〟だ」教師は、そう言われた子どもに〝にんげん〟のカードを渡す。「△△くんは、〝ねずみ〟だよ」その子は〝ねずみ〟のカードをもらわなければならない。

一日の生活が終わると、〝にんげん〟の組と、〝ねずみ〟の組ができる。子どもたちが、〝にんげん〟と言うのは、自分の考えで、何かをする。できふできは問題ではなく、〝自分の考え〟ということが大切なのである。たとえよくはたらいたり、何かをしたとしても、他人に追随していたのでは、〝ねずみ〟なのである。何もしなかったり、指示されるのを待っているようでは、当然〝ねずみ〟の組に入らなければならない。つまり自主的であり、主体性をもつものが〝にんげん〟の資格であると考えられているわけである。

自分や仲間をそうした目でみ、それによってふたつにわけることには、多少問題を感じはするが、それからが、この人の実践のポイントなのである。

一日の日課が終わると、ねずみ組は、そのまま家に帰り、にんげん組が残る。彼らは、教室の掃除や、花壇の手入れなど、クラスがうけもっている作業をするのである。かつては〝罰当番〟ということがおこなわれていた。何か問題をおこした子どもが、〝罰〟として作業を課せられたわけである。この場合、しごとは一種の苦役とみられていたわけである。しかし、この人の場合は、逆なのである。〝しごと〟をするのは、人間であり、〝はたらく〟ことは、人間の権利だと子どもたちは教えられ、そう思って取り組んでいるのである。

これは、私たちが、〝しごと〟〝はたらくこと〟を考えている時の、ふみはずしてはならない重要なポイントなのである。

はたらくことが、苦役ではなく、人間としてのあかしになって、ほんとうの姿がみられる。人間は、肉体だけではなく、心も知恵も、すべてをおしみなく、それに投入することができるのである。

そこで、こうした姿がみられることになる。

ウサギが、子どもを生んだ。自分たちのウサギであるのだから、関心は一段と強く、深い。「ウサギのあかちゃんにも餌箱をつくって、やらなければ」と、ひとりが言いだした。生まれたばかりのウサギが、餌を食べないことは、頭ではわかっているが、そうした理屈をこえて、同じようにしてやらなければと考えたわけである。反論もでず、彼らは木片を集めて、餌箱づくりをはじめた。やっと小さな箱ができた。彼らは満足した。「釘がでているから、あかちゃんが、ケガをするわよ」参加していた女の子が言った。ありあわせのうすい木片であったし、釘の打ち方もうまくない。釘の先がはみだしていたわけである。

指摘された子どもたちは、教師に、適当な板を求めるとともに、釘の打ち方を教えることを求めた――真剣な〝学習〟がはじまったということに注視しなければならないのである。

たしかな位置づけ

〝しごと〟をするということは、自分がもっているちからを、自分たちの仲間の暮らしの中になげいれることだと言ってもいい。〝役にたつ〟と言われるのは、そうしたことからであろう。それが、家庭の場合であれば、「この子も、ようやく役に立つようになった」という言葉で、評価もされ、称賛されたわけである。

子どもたちの集団の場合でも同じことであろう。当番や、係の活動で、子どもたちは、常にそうしたことを感じとってきたはずである。子どもたちが、当番の日に緊張もし、時には負担にも感じながら、それらに熱心に取り組もうとするのは、自分のしごとと仲間との関係を、正面からとらえているからだと言っていい。

しかも、それは、ただ〝役に立つ〟ということだけではなく、同時に、自分が、その集団にたしかな位置をしめているということをとらえる機会にもなるわけである。

〝しごと〟は、集団の中での、ひとりひとりの子ども集団での〝役割〟と〝位置づけ〟を意識する大事な活動であると言っていい。これについては、次の部分で、さらにほりさげることにしたい。

8　個と集団

孤立する子どもたち

だれもが言う、「ひとりひとりを大切に」と。また、同じ人が「よい集団を育てる」とも言う。〝個〟と〝集団〟は、多くの場合は、疑いのない前提、いわば〝定理〟のように考えられてはいるが、一歩それにふみこむと矛盾し、相反する中味を多分にもったものと考えられなくもないことである。

これが〝公理〟であれば、ふみこむ必要はないだろう。しかし、それがたとえ〝定理〟になるものであるにしても、定理である以上、吟味し、証明していかなければならないのは当然であろう。

まず〝ひとり〟の子どもに、注目するところからはじめよう。

私たちは〝子どもたち〟という言葉をつかう。〝わらべら〟とも言う。ひとりぼっちの、あるいは孤立した子どもを描かない。ぼんやりとひとりになっている子どもは、正常な姿とは思わない。いつも群れで遊び、暮らしているのが子どもの常態とみてきたわけである。

しかし、このごろはこうした見方を、根底からゆるがす状況が固定しつつあるとみなければならない。

子どもたちの多くは、いわゆる核家族の一員である。しかも兄弟の数も少ない。その上ほとんど子どもは、〝ひとりっ子〟的な育ち方をしている。親⇅子のかかわりはあっても、子⇅子のかかわりを積極的にもたせようとはしむけられてはいない。

同時に、子どもたちは、〝地域〟をもたない。かつての子どもたちは、一定の年齢に達すると〝まちの子〟〝むらの子〟として生活した。ほとんどの時間は、家から離れ、仲間と遊んですごしたのである。そこには、仲間を統率し、リードする子どもがいた。子どもたちはその者を核にしながら、遊び、いたずらをした。彼は、時には専政者であるかと思うと、場合によっては、頼りになる保護者でもあった。柳田国男が「遊びは子どもの自治である」というように、ここには、おとなの支配のおよばない子どもの集団があったわけである。

ところが、現在はそうした風景をみることは、ほとんどないと言っていい。〝まち〟がなくなったわけではない。なくなるどころか、人口の稠密の度合いは、かつては想像もしなかったほど密である。狭い区域に、人々は集まり住んでいる。巨大な集団住宅群は、都会のあちこちにある。そこには同年齢の子どもたちが、何人もいるはずである。

それでありながら、ほとんどの親たちは、近くに一緒に遊ぶ子どもがいないと言う。〝いない〟のではなく、そう思いこませる状況がある——と言うべきなのであろう。そこに集まっている人々は、かつては別々の土地に住んでいた。職業も異なり、生活の仕方も同じではない。近隣への無関心と、あえてかかわりをもった後のわずらわしさをさけようとする姿勢から、自分たちだけの狭い領域の中にこもることが、なかば習性のようになっている。子どもたちの接触が、わずらわしさの大きな誘因になるという考えが、想像以上に強いことは事実である。子どもが、おとなたちが自分たちの身勝手でつくった囲いの中にとじこめられることになる。

子どもたちの広場は、観念の中にしか存在しないのが現実である。

おとなの自己防衛の思わくからの生活の知恵が、子どもたちを他から隔離し孤立させていることに、気づかなければならないであろう。

子どもを孤立させるのは、いまとりあげたことだけではない。

〝競争社会〟という考えが、すべての人々の胸の中に深く浸みこんでいる。それを肯定するにしても、否定するにしても、現代の社会では〝競争〟するということからは、のがれられないと考える傾向が強いことは否定できない。

能力主義、学力至上、こうしたフィルターで、子どもをみる。学校でも、このフィルターで、子どもたちが常に仕分けられている。選別と、差別がくりかえされる中で、子どもたちは、仲間を仲間とはみなくなる。自己を否定するのか、他を否定するのか、いずれを選択するのかと、常に問われつづけている。

子どもたちは、群れの中の孤独を痛いほど味わされ、それが人間のあるべき姿だと錯覚するようにしむけられているのである。

〝個〟を大切にすべきだということは、こうした仲間から、切り離され、孤立させられた〝ひとり〟の子どもをさすのではないということを、まずはっきりさせておかなくてはならないであろう。

〝集団〟への誤解

保育の場では〝集団〟という言葉が日常化している。〝仲間づくり〟〝集団づくり〟が、保育の基盤あると言われ、「子どもは集団の中ではじめて正しく育つ」と主張する人々も少なくない。この人々にとっては、保育を考えていく時に、集団がうごかしがたい大前提としてとらえられていると言ってもいい。

保育者が、そうしたことを意識しないとしても、自分の目の前にいる子どもは、〝ひとり〟ではない。保育の対象になるのは〝子どもたち〟であり、〝子どもの集団〟なのである。これからのがれることはできない。いずれにしても、私たちは〝集団〟を正しくとらえなければならないのである。

ところで〝集団〟が話題になる時、よくでてくるのは「グループをどうつくればいいのか」とか「当番はどのようにすればいいのか」「リーダーをおくべきかどうか」という問題である。自分の担任するクラスをまとめ、運営していこうとする時、こうした具体的な方法を考えるのは、当然のことであろう。しかし、こうしたことを問題にする人々の中には、グループ、当番、係、リーダーをただ形式としてとらえ、その進め方だけに目をむけている人がいないとはいえない。

たとえば「グループは何人ぐらいが適当なのか」という問いの中に、小人数の集団が、子どもにとってどんな意味をもっているのかとか、子どもたちの発達と小集団での活動が、どんなかかわりをもつのか――などの内容が、まったくふくまれていないことが多い。そうしたこととは関係なく、一般にすすめられている常識的な形式にどうすればはずれないでやれるのか、という関心しかみられないことが稀ではないといっていい。

もちろん、正面から〝集団〟にむきあい、どうすれば子どもたちのよい集団が育てられるかを追求し、それを保育の軸にすえようと努力している人々も少なくない。その人々の研究の成果や、実践の結果が、さまざまなかたちで、すでに私たちの前にある。そして、それらは、多くのことを、私たちに教えてくれる内容をもっている。

しかし、そうしたものが、もし〝集団〟へのいわば信仰になり、一種の教条として、保育者と子どもを縛ることになるとしたら、私たちは、それらの主張のすべてを正しいと受けとめるわけにはいかなくなる。

たとえば、こうした場合である。

「あの子どもは、どうしても集団から、はみだしてしまう」と指摘されることがある。ほとんどの子どもが、まとまって遊んでいる時、それに加わらずに、別の遊びをすることが目だつ子どもは、そう言われがちである。その子どもが、別の遊びに没頭する理由や、根拠よりも、〝はずれる〟ことが問題だととらえ、考えることが多いのである。この人々にとっては、なによりも、〝集団〟が優先するのである。〝個〟は、集団の中に埋没し、やがて姿を消してしまう危険さえある。

また、一方には、〝集団〟そのものを変質させようとする傾向がみられる。

「私たちは、集団での生活を大切にし、集団生活に適応する訓練を重視している」という言葉にであうことが多くなってきた。この人々は集団での行動とか、規律ある生活という言葉も、好んで多用する。

制服に身をかためた子どもらが、直立不動で立っている。号令によって、歩き、そして止まる。黙々として作業をする。彼らは、きめられたことを、きめられた形でやらなければならない。一本の糸で操られ、そのとおり動くことが、「集団生活に適応したよい子ども」として必須条件になる。

ここで言われる〝集団〟は、枠であり、規格なのである。ひとりひとりの子どもが、生きて自分の生活をし、行動する姿など、この世界にはない。もしあるとしたら、それは「悪しき姿」であり、排除するか、圧殺しなければならない〝非行〟の前駆症状なのである。

こうしたいわば前世紀的なものへの信仰は、あんがい根強くのこっていることを、見落とすことはできない。自由と放縦の区別がつかなくなり、子どもの育ちについていけなくなったおとなたちは、枠による統制とちからによる抑圧にすがりたがる。それをまた正当化しようとする人々も少なくはない。

いずれにしても、私たちは、安易に（あるいはひとつの常套語として）〝集団〟とか〝集団づくり〟という言葉をつかっていてはいけないのである。わかりきったこととして、その前提になるもの、あるいは組みこんでいく内容を、正しくとらえ、十分に吟味しないで、子どもたちに対応しているとすると、そこには大きなおとし穴があると思わなければならない。

個＝〝ひとり〟の子ども

教育は、究極的に〝ひとり〟の子どもに、かかわるしごとである。基準とか、平均値とかは、ひとつの方便にしかすぎない。〝彼が〟どう育ち、どうなったかが、問題なのである。「ほとんどの子どもは、まともに育っているから」とか「一部をのぞけば、正常な生活をおくっている」というとらえ方を通用させてはいけないのである。

最近は、そうした究極的な、あるいは原点というべきことが、ともすれば忘れられがちである。たとえば〝おちこぼれ〟という言葉で表現される状況がそれである。おとなが、一方的に狭い受け皿を用意する。しかも、その受け皿が絶対だと思いこんで、子どもに臨む。そして、その受け皿にのらないものがいると、「彼はおちこぼれだ」と断定してしまう。その受け皿に、どんな問題がふくまれているかは考えようとしない。そして自分の視野からはずれて浮遊する子どもに対して、手をさしのべるのではなく、冷たく断定する。「あの子は、だめだ」と。

くりかえしになるが、私たちは〝その子ども〟から目をそらしてはならないのである。その子どもが何をし、どう感じ、どう考えているのか、そしてその子どもが、どんな道をたどりながら育っていくのかを、執拗に追いつづけるべきなのである。

とは言っても、子どもは孤立した存在ではない。ひとりを大切にするということが、子どもを他のものから切り離し、囲いこんで、その中で守り、育てることをさすわけではない。最近のように、さまざまな問題が、子どもたちのまわりに起こってくると、囲いこみこそ子どもを守るもっともいいやり方だと思いこむおとなが多くなってくることが考えられる。子どもを、孤立させる危険が濃厚になっている。

〝ひとり〟が、確かなものに育ち、人間として確立するためには、その〝ひとり〟が、〝みんな〟とともにいなければならない。

それは、幼い子どもたちと、しばらく一緒にいれば、だれもがすぐに気づくことである。そのころの子どもは、まだ〝ひとり〟の意識もなければ、〝みんな〟も意識しているわけではない。それでいながら、子どもらは、同じような行動をする。ひとりが動くと、ほかの子どもも、同じように動こうとする。ひとりが泣きだすと、周囲の子どもが同じように泣いたり、べそをかいたりする。だれかが楽しげな声をあげると、周囲の子どもたちも興奮してはしゃぎだす。子どもたちの間に、浸透しやすい膜でもあるかのようにみえる。

そうした傾向が、多少意識的になる時、よく言う〝まねっこ〟がはじまるわけである。「このごろ、言葉つきや、あるき方まで変わったのですが、どうしてでしょう」と首をかしげる母親がいる。彼は、最近年長の子どもと遊ぶようになった。その子どもたちの言葉や、挙措動作を、彼は貪婪に〝まね〟はじめたわけである。

子どもたちは、そうして外にあるものを吸収する、自分の中に積極的に組みこむ。彼の中には、大量のことがらが、激しい勢いで組みこまれはじめる。そしてそれらが、子どもの中で、組みたてられ、自分のものになって定着していくのである。

もし、そうしたことをおそれて、ほかの子どもから隔離されるとしたら、その子どもは、内容のない、きわめて貧弱な状態のまま終わるであろうことが考えられる。

それだけではない。お互いに、他を自らの中に組みこみ、自分のものにするということは、別の見方をすれば、それぞれの子どもが、共通項を、たくさんもつようになった——と言うことができるであろう。それによって一緒に遊ぶこともできるし、ひとつの場の中で、一緒に生活することも可能になる。

共通項が生まれることによって、興味や関心も、だんだん似たものになることが予測される。要求も近似してくる。

同じような遊びをはじめる。やりたいもの、使いたいものが、ひとつのものに集中することも多い。そうなれば自分のほしいものが、簡単には手に入らないようになる。

砂場へいく。すでに占有しているものにであう。入ろうとするが拒否される。簡単にはいれてもらえない。やっともぐりこんでも、スコップの数が足りない。はじめのうちは、ほかのもので間にあわせようとは考えない。

そのスコップがほしいのである。あの子が持っているその赤いスコップが使いたい。手をだす。「だめだ」と言われる。争いがおこる。どの子も、こうしたことを経験しているはずである。

多くのおとなたちは、こうした争いを認めようとはしない。わがままな、愚かな行為だと考えて、簡単に介入する。そしてゆずった子どもを、称賛する。「ゆずってあげてえらかった」と言う。ときには、そうした対応も必要であろうが、子どもの内面を正しくとらえた処置というわけにはいかない。

子どもたちは、抵抗にあって（「使ってはだめ」と言われてはじめて、自分が今しようとしていたことをはっきりととらえる。自分の〝したいこと〟が意識されるのである。砂場に入った時は〝なんとはなし〟であることが多い。(その証拠に、拒否されて、簡単にひきさがる子どもも少なくない)。ところが、壁にぶつかり、「はてな」と思う。がんばってみる。スコップに手をだしてみる。ひとつのスコップを二人でひっぱりあっている間に「砂場で、山をつくりたいのだ」という願いが、はっきりとしてくるのである。そして同時に、自分と同じ要求をもっているものが、そこにいることが、みえてもくるのである。

自己の発見と、他の認識が、こうした小さな出来事の中にあることを、私たちはみのがさないようにしなければならない。

他から切り離されたところでは、自分の発見はできない。仲間の中に入りこみ、まわりのものを組みこみ、やがて、他とぶつかる。抵抗も感じ、自分の思いのままにならないことがあることも経験する。まわりがみえてくる。まわりをみることで、自らの欲求を意識する。こうした視点を失ったとしたら、〝ひとり〟は、群れの中に埋没したままに終わる危険があると言わなければならないであろう。

ひととひとの〝かかわり〟

前のところでも述べたように、〝集団〟は群れではない。個の存在をあやふやにしたり、二義的なものとしておしのける枠組みでもない。ひととひととが、緊密な紐帯で結びつけられた組織体であり、ひとつの有機体と言うべきものである。個と個が、どんな〝かかわり〟をもつかという視点をおろそかにした場合、集団はただの形式、あるいは枠組みに終わってしまうと言ってい い。

子どもにとって、はじめてであうのは、親である。あたりまえのことであるが、素通りすることができない事実ではある。

子どもは、親を人間の典型としてみ、そのかかわりの中で、ひととひととのかかわり方の原型を学びとり、根底にすえる。もしそれが歪んだものだとしたら、子どもたちは人間としての基本的な部分を欠落、あるいは歪曲したまま育ってしまうことになるのである。

〝やさしさ〟や〝おもいやり〟ということが、話題になることがある。「このごろの子どもは、〝おもいやり〟に欠ける」「自分のことしか考えない。友だちへの〝やさしさ〟がない」と言われる。子どもの目が、周囲のことに及ばない（及びにくいと言ったほうが正確かもしれない）のは、子どもが、その段階にいるということでもあるが、一方ではたしかに何かが欠けているのではないかと考えさせられることも少なくはない。そうした子どもたちは、どんなふうにあつかわれてきたのだろうか。

子どもたちは、親の膝を求める。不安になれば母親の懐にとびこもうとする。父親の太い腕に抱かれたがる。大きなちからに包みこまれたがっているのである。遊んでいる。ちらりと母親の方をみる。見守ってくれているまなざしを感じるとほっとして遊びつづける。泥いたずらをしている。ふと不安におそわれる。ちらりとおとなのほうをみると「いいんだよ」という表情がみられる。元気をとりもどして、泥の中にとびこんでいく。

「うけいれられる」と感じることが、子どもたちに自信を与え、自由に行動する土台になる。受容は、あまやかすことではない。ただ子どもの奔放なふるまいを認めることではない。子どもをひとりの人間として認め、その行為をたしかに受けとめることなのである。

最近は、ともすれば子どもの現状を否定し、それを修正することが、教育であると思いこむ傾向が強くなりつつある。「このままでいいのか」「なんとかしなければ、子どもが悪くなる」と身構える人が多くなってきている。受容でなく不信、否定が、その根底にあることはいなめない。子どもたちのごくあたりまえの行動も、〝非行〟〝暴力〟の芽のように考え、声を大きくする人々がふえてきて、またそれを信じこむものも多くなりつつある。

不信、不安、反感、拒否。おとなと子どもの間に、こうしたものが、黒い影をおとしている。そしてそれが、人間関係のありようだと、子どもたちに思いこませている。

親と子、保育者と子どもをつなぐ糸は、かすかなものになるか、ひどくねじれてしまう心配がある。

うけいれられ、信頼しあえるかかわりが太いパイプになって、はじめて理解が生まれ、コミュニケーションも成立する。「言うことをきく」「わかりあえる」ということも、このパイプを度外視していたのでは、形に終わってしまうと言っていい。

断定にすぎるかもしれないが、子どもたちは人間関係の原質的なものを、親子、兄弟姉妹とのかかわりの中で身につけ、体質化していくと考えている。そしてその延長線上（非常に近い距離で）に、保育者との関係があるのではないだろうか。ときには、保育者とのかかわりあいのほう

が、意識されやすいために強く影響することさえある、
これを、仲間づくりの原点において考える必要がありそうである。

集団生活の吟味

子どもたちは、園では仲間との生活をする。園は、子どもにとって、集団生活を経験する場であるともいえるわけである、といって、彼らははじめから集団生活をするわけではない。〝ひとり〟が、群れの中に身をおくにすぎない（前に述べたことを思いかえしてほしい）。

群れの中で子どもたちは遊びはじめる。遊びの方向も内容もひとつではない。しばらくたつと、群れが、ひとつの方向に動きだす。

たとえば、こうである。

砂場に、なん人かの子どもが遊んでいる。砂を積むもの、穴を掘るもの、ただいじりまわしているものなど。その中で、山がひときわ目だつ存在になる。子どもらは、それに興味をもち、集中しはじめる。（彼らは、潜在的に同じような興味をもっている）なかば無意識に砂いじりをしていた子どもたちも、遊びへの意識をもちはじめる。「いれて」という言葉がきかれる。「いいよ」「だめ」こうした言葉が、かわされる。もうこの子どもたちはただの群れではない。同じめあてにむかって同じ方向に歩きはじめたのである。

子どもたちは遊びの過程で、常にこうしたかたちをみせる。それが遊びの質をきめる大切なポイントになる。ただの通過の地点ではなく、もっと重い意味をもった、いわば要《かなめ》とでもいうべき

ものである。

〝同じ目的をもつ〟ことは、遊びが内容をもち、維持したものになるためには、欠くことができない、軸とでもいうべきものであるが、これが同時に〝集団〟が生まれ、育っていく時の軸になるのである。群れと集団の基本的な違いのひとつは、ひとりひとりの目的が、全体の目的の中に包括され、位置づき、構造化されているかどうかである。

子どもたちは、遊びの中で、目的を共有し、取り組む方法を共有することを学ぶのである。子どもたちは、また〝生活〟をともにする。一緒に遊び、同じテーブルで食事をし、ときには、ともに作業もする。休養する時も、ほとんど一緒である。そうした中で子どもたちは、〝みんな〟を感じ、〝みんな〟を意識するようになる。

子どもたちにとっては、この〝みんな〟ということは、はじめは、不可解な、そして不自由な壁と感じられるにちがいない。それまで、彼らは、そうした制約を感じることなくすごしてきた。自分の服、自分のイス、自分のおもちゃ、それにそばにいる母親も、〝自分〟の母親であった。独占し、随意に使って、だれからもだめだと言われないできた。

あらたにはじまった子どもたちの生活では、それが通用しないことが多くなる。ほとんどのものには〝みんな〟という冠頭詞がつく。それが壁になり、じゃまな垣根になる。困惑することも少なくないし、ときには抵抗してみたくもなる。〝みんな〟がわかりその中に自分の要求を組みこみ、自分の位置づけをとらえる過程は一本道ではない。曲折もあり、凹凸もある。

かつての子どもたちは、家庭の生活の中で、この〝みんな〟を経験してきた。多くの兄弟（あるいは家族）の中で、自分ひとりが専有できるものは、ごく少なく、ほとんどのものは〝あいやいこ〟あるいは〝もやい〟と言われるものであった。つまり、共有するものであった。おもちゃ、机、本棚、ときには傘でさえそうした場合があった。とまどったり、不満をもったりしながら、子どもたちは、〝もやい〟に必要な約束事をのみこみ、あつかい方を身につけ、〝みんな〟を意識することができたのである。そしてそれが、人間の生き方の大事な部分のひとつに育っていったと言っていい。

集団生活の中での〝みんな〟意識の形成も大事にしていかなければなるまい。

〝みんな〟の生活を暮らしやすくするひとつとして、〝しごと〟がある。食事の用意をしたり、遊んだあとの整理、花壇に植えた植物の灌水や、飼っている小動物の世話など、これらは、〝みんな〟のものであり〝みんなとの生活〟のためのものである。

ひとりでやることもあるが、みんなで一緒に取り組むこともある。ときには手わけをしたり、交代であたることもある。〝当番〟〝係〟などの言葉が、子どもたちに理解され、つかわれてくるようになる。

「当番は、たいへんだ」と言う子どもがいる。「言うことをきいてくれない人がいる」と言うのが、〝たいへん〟の理由になることがある。「集まって」と言っても、なかなか集まろうとしないものがいることを、この子どもは指摘する。順番がきまっているのに守らないものがあるという場合もある。当番になった子どもは、きわめて慎重に、しかも懇切にそうした場面に取り組んでいる。口汚くののしったり、力でおしつけたりはしない。

ところで、この当番になった子どもは、いつもそうではない。彼が困ると指摘するものとにたりよったりと言っていい。日常、仲間と接する時、いつも今のように穏健に、しかも忍耐づよくはない。ときには乱暴をすることさえある。その彼が「困った」と言い、集団生活の中でのひとりひとりのあるべき姿を求めるのである。

集団で生活するためには、ルールがあり、それに従わなければならないこと、お互いに協力し、必要な援助もおしみなくすることなどを〝当番〟という役割に取り組むことによって意識し、身につけていくのである。

はじめにも述べたように、グループ、当番、係などが、形式に終わっては、今ここで指摘したようなことは、生まれてこないはずである。

集団の質

子どもたちは、仲間と一緒に生活をする。そのためにはその集団に適応し、その中で行動していかなければならない。

「あの子どもは、まだ集団にはいれない」「どうも集団からはみだすことが多い」。保育者は、こう評価する。そしてその子どもは、問題をもつ子どもとしてとらえ、集団に参加させるために、さまざまなはたらきかけをする。

集団にはいれない、はいらないという時、その子どもだけが問題にされがちである。その子どもにも問題があることは事実であろう。しかし〝集団〟の質、あり方をみすごしていていいのであろうか。

容量の少ない、固い穀で囲われた集団がある。外からみると、整っているし、まとまりがあるようにみえる。子どもたちは保育者の指示に抵抗なく従い、乱れない。

「よくしつけられている」と言われるものの中には、こうした質のクラスをみうけることがある。この種の集団は、異質のものを拒絶する。自分たちの中に、包みこみ、自分たちの仕組みの中に組みこもうとはしない。

多くの場合、こうしたクラスは、保育者に強く統制されている。おとなの意向によって、子どもたちが動き、考えることも、まるで印刷物をみるように同じである。〝よい子〟〝わるい子〟というものさしがあり(これも保育者がもつ規準のレプリカである)それによって仲間を選別し、〝わるい子〟は、枠の外におかれてしまう。もし枠の外におかれたくなければ、その中に埋没するかどちらかである。〝集団〟という名で(それを絶対の旗印にして)ひとりの子どもをおさえつけたり、圏外におしだすようなことをしていないだろうか。

私たちは、ひとりひとりの子どもの〝存在〟を大切にしなければならない。たとえ出発点で、不揃いだと感じても、その子どもの現在から歩きはじめるべきである。こちらが描いている〝集団〟にはめこむことを急いではならない。

そして、その子どもの願望や、要求に目をむけ、耳をかたむけるべきである。その願いや、求めるものは、きわめてちっぽけで次元の低いものかもしれない。ひとりよがりであるかもしれない。しかし、その子どもは今そこにいるのである。いずれにしても、そこを出発点にするほかない。仲間の中で、彼の要求はぶつかり、ある時には共鳴し、修正され、増幅される。止揚され、拡大し、そして変化していくはずである。ときには反発し、対立する。そうした中で、子どもたちは、主張し、自分を他に伝えようともする。同時に仲間が求めていることの中に、自分と同じものをみつける。さらに新しい発見もする。そして、自分のやりたいことが、みんなの求めていることに位置づくことを感じ、集団のひとりとして、主体的に活動することが、できるようになるわけである。

集団は、枠ではない。ひとりの子どもと同じように、形成されていく〝生き物〟なのである。ひとりの子どもが加わることによって、この生き物は、変質するはずである。同時に、ひとりの子どもも、また変質する。また集団は、ひとりの子どもの行動や思考を規制するちからをもっている。そしてその集団の質は、ひとりひとりの子どもの行動や思考によって、きめられると考えるべきであろう。

Ⅲ 〝計画〟と〝実践〟の視点

1　保育計画

〝計画〟についての誤解

一時「保育計画をたてるとか、カリキュラムをつくるなどいうのは、子どもの自主的な活動を阻害することになり、邪道である」と主張されたことがある。〝おしつけ保育〟〝やらせの保育〟などをうみだす源になると断定するむきもあった。

この人々は、子どもからの保育を主張する。子どもが何を求め、どう活動するかが大切なのであって、あらかじめ保育者が、やることを一方的にきめ、子どもにおしつけることは誤りであるとも言う。それは正しい。

しかし、それが〝保育計画〟を否定し、無用論につながるのであろうか。この人々が描いている〝保育計画〟とは、いったいどんなものなのであろうか。それを否定する前に、保育計画とはなんなのか確かめておく必要がありそうである。

保育計画とよばれるものが、行事や教材の配列表に終わっているものが少なくないことは事実である。建て前はともかく、実質はそうである。それによって、一日一日が進行する。多少の疑問は感じても、それを正確に実施することが、仕事であると考えている人々がいることも、また事実である。疑問に対しての答えは、「以前から、こうしてきたのだから」。そこでとりあげられた〝教材〟や〝行事〟が、「なぜそうなのか」を問われることは少ない。「どうすれば、そつなく消化できるか」だけが問題なのである。

また、こんな場合もある。

子どもたちの遊びが、ピークに達した。これからおもしろくなるという時に、レコードが鳴りはじめる。どんなことがあっても、遊びをやめて、園庭に集合しなければならない。〝朝礼〟がはじまるのである。園長の話をきき、体操をすると、部屋に入る。子どもたちは遊びに思いを残しながら、席につく。〝計画〟されていた〝お絵かき〟がはじまる。

日課の枠組が固定していて、子どもたちにやらせる活動も、あらかじめ予定していたものから動くことはない。「これでいいのか」と考えている保育者も、疑問は棚上げして、決められたとおりに指導を進めることになる。ここでは、子どもの欲求や自発的な活動よりも、計画された内容が優先する。それに取り組めない子どもは、はみだし、落ちこぼれとして問題視されることになる。

もし、こうした〝保育計画〟をさして、無用をとなえ、否定しようとするのならば、さきほどとりあげた主張は、誤ってはいない。

しかし、子どもの活動にそった保育と言われるものは、ただ子どもが活動し、保育者は傍観者でいいというのであろうか。そこにひとつの状態がおこらなければ、何もできないというのであろうか。子どもたちが無方向にかけだすのを、ただみている、あるいはそのあとを追いまわしていればいいというのだろうか。そうではあるまい。

〝保育〟は意図的な作用である。保育者の価値観があり、願いがあり目標があるはずである。「子どもの動きのままに」ということはありえない。意図があれば、それを具体化するための望ましい内容が構想され、方法を考えるのは当然なことである。つまり〝保育計画〟がなければ、保育はなりたたないと言っていい。

自然に、自由にという言葉の皮相だけをなでていてはまちがう。子どもからの出発ということを、安易に、現象としてとらえてはならない。

「計画をもち、カリキュラムを子どもにおしつけることは誤りだ」という主張は、〝おしつける〟ことを否定したことは正しいが、保育計画、カリキュラムということを、正しくとらえていないという誤りをおかしていると言わなければなるまい。

保育像を考える

子ども像、保育者像という言葉はよくつかわれるが、〝保育像〟は、多少耳なれない言葉かもしれない。

単純な言い方をすれば、私たちはまず「子どもたちにどんな生活をさせたいのか」イメージを描くべきだと考える。ひとつひとつの活動を考えることも大切ではある。保育計画を用意することも必要であろう。しかし、その基盤に、つくりあげたい園の全体構造が、具体的な姿として描きだせないようでは、子どもたちの生活はありえない。

「私の園は、子どもたちの遊び場です」と、ある人は言う。じじつ園庭、園舎のすみずみまで、子どもたちはいかしきって遊んでいる。不必要な規制もないし、こまぎれの日課表もない。保育者たちは、ときにはプレーリーダーになり、サポーターになって子どもに接している。この園では、それが子どもたちのいちばんよい生活の姿だと考えている。

雑木林を組みこんでの園庭がある。栗、柿の木や、アケビ、木苺も植えられている。ウサギ、ニワトリ、ヤギから、クジャクまでいる。木の実をとり、動物の世話をすることなどが、生活の重要な部分になっている。都市化されていく地域の中で、先生たちは、懸命にこの園庭を守り、つくっている。奇をてらっているわけではない。子どもたちの生活する場を願い、そしてそれを描いていることが、強くひびいてくる風景と言っていいだろう。

また「ここは、子どもの集まる広場だ」という園長がいる。ここでは、〝仲間〟との生活が大切にされている。クラスやグループは、管理のための単位だとは考えられてはいない。ともに生活をしていく拠点である。子どもたちが、ひとつひとつの事柄を、自分たちのこととして取り組むようにしむけられている。保育者は、指揮者ではない。よき助力者としての位置を守っている。効率はよくはない。しかし、ひとりひとりの子どもは、自分たちのすることに自信をもっている。「分断され、孤立化されている子どもたちに、仲間と暮らすねうちを感じとってほしい」と、その人は言う。

こうした園には、たしかに生きた子どもの生活がある。子どもの発達を保障する〝保育〟という言葉にあたいする内容があると言っていい。

こうした願望を具現するための設計図、その青写真が、〝保育計画〟なのである。願望が明確であれば、この青写真ははっきりしているはずである。そして規格にはめられた、ステロタイプのものは、みられないのである。きわめて個性的であると考えられる。保育計画とは、もともとそうしたものなのである。

子どもからの出発

すべては子どもから出発しなければならない。保育も、教育も、そしてその場の園づくりもそうである。先にあげた〝保育像〟も、観念から生まれたものでもなければ、抽象的な存在でもない。目の前にいる〝子ども〟をみつめ、その子どもらのものとして生まれてきたものである。

〝保育計画〟が、子どもより先にあると考えているとすれば、それはまちがっている。先にあるのは、現実の子どもなのである。こうした自明のことがらが、しばしば忘れられてしまう。最近はまた、そうした傾向がつよまりつつあり、それが正しいのだと強弁する一群の人々もいる。(これについては、あとのところで改めてふれることにしたい)。

はじめにふれた保育計画に疑問をもつ人々が、子どもの要求を大切にしなければならないということは、その意味では、まったく正しい。しかし、先にも述べたように〝子どもから出発する〟ということが、子どもたちの目の前の行動、偶然言った言葉など、表面の現象だけをみ、それに左右されることと混同してはならない。

「子どもがやりたいと言いますから」と子どもが衝動的に動くままになっている人がいる。それでいて、その子どもたちのすることを認めているわけではない。仕方がないから放任しているにすぎない。そしてそれが、「子どもの欲求にそっている」「子どもを大切にしている」ことになると思いこんでいるのである。最近の家庭では、こうした傾向が強い。「子どもが望みますから」「子どもにきいてみて」こういう母親に数多くであう。そうした家庭の子どもが、ほんとうに満足しているかというとけっしてそうではない。かえって常に満たされぬものを感じながら、刹那的な行動をくりかえしているにすぎないことが多いのである。保育の場合も同じことが言えるであろう。

〝子どもからの出発〟というのは、そうした子どもたちの興味や関心に注目するのはあたりまえである。それを手がかりにしながら、その底にある人間として何に関心をもち、どんなことに興味をもち、好奇心を抱き、探究していこうとするのかをとらえなければならない。

子どもたちは、人間の社会に生きていくわけである。さまざまなものごとを吸収し、学習していく。子どもの現在と未来を見通し、常に正しい学習ができる用意もしていかなければならない。そうしたことを考える時、子どもたちがおかれている現在の環境は、必ずしもよい状況だとは言えない。というよりも、歪みがあり、猥雑な内容で混濁していると言っていい。選択し、浄化することが、必須の作業とも言いうる。子どもから出発するために、子どもの現状を否定的にとらえなければならないことさえある。

子どものなすがままに流れる、というような単純なことではすまないのである。〝保育計画〟は、こうした基盤に、構築されるものなのである。

〝計画〟は生きて動く

保育計画は、子どもの実態と、保育者の願望の交点に生まれてくる。おとなの願いが変わらなくても、子どもの側の状況が変化すれば、この交点はうつっていき、計画の重点も、内容も変わらざるをえない。また、同じ子どもをみる場合でも、保育者の願いが変われば、その視点は変わるはずである。当然その交点は移動し、変化する。そこから生まれた保育計画が、変わったものになることは言うまでもあるまい。

保育計画を固定したものとしてとらえ、塵も垢もはらわずに、毎年くりかえしているとしたら、そこでおこなわれている保育は、子どもからかけはなれた化石でしかないし、保育者が、もつべき活力、情熱などは、そのかけらもみられないであろう。機械的にくりかえされる無機質な保育の中で、子どもが育つわけはない。

あらためてくりかえすが、〝保育計画〟は私たちの願いの具体化である。しかし、それはあくまで、仮説であり、予測である。さきほども言ったように、子どもの状態によって、ときには軌道の修正を必要とするものである。いわば、生きて変化しつづける生き物とみるべきである。（一般化されたもの、たとえば、保育雑誌などに紹介されるものは、一種の標本だと思えばいい。ときには飾り棚にある臘細工のご馳走に似たものと思えばいい）。

「そんな不確かなものなのか」ととる人があるかもしれない。動かない、固定したものを求めるとすれば、それは安定しない、不確かなものと言えるだろう。しかし、先にもふれたように計画そのものは変化しても、描く保育像へ向かっての道がたしかなものであれば、方向は変わりはしない。路線は不動であり、それに向かっての運動は、たしかなものであるはずである。保育計画にそって実践が展開される。計画が妥当であったかどうかは、それによって検証されるはずである。記録され、それを検討分析することによって、計画には朱筆が加えられる。それがくりかえされ、積みあげられることによって、たしかさが加わり、客観性のあるものになっていくのである。

園の独自性

〝園の独自性〟ということがよくきかれる。とくに最近、「私立では、それぞれが独自性をもち、それを特色にすべきだ」という声が強くなってきた。

〝保育計画〟は画一的なものではない。子どもが違い、園の状況が違えば、当然、その構造も、内容も異なったものになるはずである。また地域の状況の違いもみすごすわけにはいかない。過密な都市の中で生活する子どもと、山や森に囲まれた農村の子どもとが、同じ〝おしきせ〟を着せられて、ぴったり身体に合うわけはないだろう。保育は、その地域の子どもたちのものである。かつての綴り方教師たちが、画一的な教育内容(国定教科書に象徴される)に反発して、子どもの現実の生活から出発しようとしたことから、私たちは大切なものを学びとることができる。方言で語り、方言で考え、方言で表現することは、ただ方法だけの問題ではない。標準語という観念的な規準で、子どもたちを抑圧し、統制しようとする〝ちから〟に対する厳密な抗議であり、抵抗の姿勢なのであった。

「山の子どもには、山の生活を素材に」ということではない。現実そこに生きる子どもの実態から出発して、地域がもつ未来像に向かって進むという姿勢が、教育構想の基盤になければならないと言うのである。したがって、ここで言う地域の実態にたった〝保育計画〟ということは、いま一般に言われている園の独自性ということをさしているのではないことを、はっきりさせておかなければならないだろう。

すべてがそうだとは言えないかもしれないが、この〝独自性〟は、こんなふうに使われることが多い。

「わが園では体力づくりにちからをいれているので、専門の体育講師をいれている」「情操教育を重視しているので、鼓笛隊を編成し、成果をあげている」「俳句をとりいれている」「茶道の時間を設けて喜ばれている」など。これらをただちに否定するつもりはない。それらが真実、その地域の子どもたちにとって必要と考え、保育の重要な部分として位置づけることをめざしているのならば、よしとしなければならない。しかしほとんどの場合はそうではない。門口を飾る花環のようなものであり、世間の目をひくアドバルーンにすぎないことが多いのである。独自性とは、そんな底の浅いものではないだろう。

ある園では、野山の遊びを、保育の中に計画的に組みこんでいる。園を一歩でれば、山があり、雑木林があり、野原があり、渓流がある。〝散歩〟は、日常の保育の大切な活動のひとつである。毎日のように探険にいく。途中さまざまな収穫物がある。花や草、木の枝、木の実、石ころ。子どもたちは、この収穫物でいろいろなものをつくって遊ぶ。あるいは、それが園庭や部屋を飾ることがある。

それだけではない。自然の一隅が、保育室に代わることもある。渓流の一部に箱庭がつくられる。何日もかかって水をひいたり、石ころや木の枝で村ができたりする。木陰に集まって話をきいたり、歌をうたったりすることもある。子どもたちは、村の自然の変化に対応しながら、生活していく。ここでこそできることであり、ここでしかできない生活であり、保育である。こうしたことをカッコでくくり、通り一遍の全園共通の規格的な保育をしなければならない理由はどこにもない。

この園の先生たちは、ただ村の自然を利用しているのではない。

人々の心は、自分たちの住いから離れつつある。子どもたちは、身近にある自然にはほとんど関心を示さない。父母たちの働く田畑や山林へも同じである。遊びにしてもそうである。テレビや、そのキャラクター商品には目を輝かすが、仲間と輪になって、自然の中で楽しもうとはしない。食べ物も同じである。インスタント食品やスナック菓子をおいしいものと思いこんでいる。

これではいけないと先生たちは感じ、子どもとともに、もう一度地域の中で生き、そこから考えていこうとしたである。もちろん地域性ということが狭い地域にとじこもり、それに固執することをさしているのではない。より広い世界に開けていく展望をもたなければならないのは当然である。しかし、立つところは、あくまでいま子どもたちが生活している〝ここ〟であることを、忘れてはいけないのである。

目標の具体化

どんな園でも、保育目標が、かかげられている。園長室や、職員室などには、それを額縁にいれて、たかだかとかかげられているのをみることがある。あるいは、園の内容を紹介する要項などの冒頭には、必ず文章化されている。

それが、どんなに名文であっても、完璧に構成されたものであっても、建て前に終わっていたのでは、ただの看板にしかすぎない。しかも、ともすればそうなってしまっている場合が少なくない。

保育は、その園がめざすことを、具体化する作業だと言ってもいい。目標を具現し、それにたどりつくために、どんな内容を選択し、それを構成し、どんな方法で展開しようとするのかの構想をたて、それを手がかりにしながら実践するしごとだと言うことができるであろう。

保育目標に「自主的に行動できる子ども」とか「ものごとに集中して取り組む」ということがかかげられている。しかし、その園の保育計画や日課をみると、子どもが、自分で考えて行動したり、ひとつのことに集中できるような活動や、時間的なゆとりは、どこにもみあたらない。すべての活動が、保育者の側で用意され、子どもが、たてられた日課で追われることが目にみえている。〝自由遊び〟に対する関心も弱いし、活動と活動の間の〝放任の時間〟になってしまっている。

またある園では、集団とか、協力という言葉が、目標の中にみられ、言葉としては語られているが、日常の保育の場では、いつも保育者が、先頭にたち、子ども同士のかかわりを育てるというよりも、おとなが子どもを統制していくことが多く、活動をみても、本質的に集団が育つような内容はあまりみられない。子どもたちは、年長児になっても、保育者に依存する姿勢から脱しきれずにいるし、形式的なグループがあり、当番や係活動がみられはするが、それらが、仲間と生活していくちからを育てていく場面にはなっていないと言っていい。

このような例はいくらでもあげられるが、これ以上とりあげなくてもいいだろう。保育目標と実際の保育計画とが一貫性をもたず、毎日の保育が進められているということは、保育目標が、形骸化している証拠であり、保育計画が、子どもの発達、人間形成と本質的にかかわりをもたない、教材消化のためのプログラムにすぎないものになりさがっているのである。

いまさらと思う人があるかもしれない。たしかにこの問題は、保育計画を考えていく第一頁ともいうべき部分である。ところが現実は、この第一頁を素通りしている場合が少なくないのである。

第一頁であり、しごく当然なことなので素通りしてしまうのかもしれない。しかし第一頁は、原点であり、方向を定める起点でもある。

ここでの誤差は、たとえそれが小さいものにみえても、時間がたち、距離がのびれば大きなものになる可能性をもっている。けっして小さいものと言うことはできない。たちもどって吟味しなおす必要があるだろう。

〝核〟のある計画

保育が、構造をもったものでなければならないことは、すでに述べた。したがって、その保育実践の青写真としての保育計画に、たしかな構造が求められることは、自明のことである。保育のプランが、教材を羅列したものであり、ひとつひとつの活動が、バラバラに配置されるようなものであってはならないということも、くりかえし述べてきた。

この〝構造〟は、等質、等量のものを積み木のように積みあげ、それをつないだものではない。中心に〝核〟になるものをおき、それと他の部分が有機的に関連しあう、ひとつの運動体としてのしくみをさすのである。

そしてその核は、子どもたちの生活の核とひとつでなければならない。とすれば、それはいうまでもなく〝遊び〟である。

保育計画は、子どもの〝遊び〟を核にして組みたてられた、生活全体の設計、計画だと言ってしまってもいいだろう。

いま、どれだけの園が、そうした保育計画をもっているだろうか。たしかに〝遊び〟があり、遊びの場面がみられはする。しかし、それが、生活全体の、あるいは保育全体の〝核〟になりえているかどうかといえば、疑問である。遊びが、園の狭い空間におしこめられていることはないだろうか。限られた時間の中でしか認められてはいまいか。主要な活動（保育者が、一方的に用意し、それを子どもの中におしこもうとしている）と活動の間隙を埋めるものとしか考えられていない、そんなあつかいを受けてはいないのではないだろうか。

〝遊び〟が正しく保育計画の核として位置づけられ、機能しているということは、その保育計画が、子どものものとしての性格と内容をもつということでもある。子どもたちが、常に活動の主人公になり、主体的にふるまい、それが常に生活の主軸として考えられているということになる。

ただ、かたちだけの問題ではないわけである。

子どもの発達と保育計画

子どもの発達に即した保育計画ということは、すでに言われていることである。たしかに年齢ごとの目標がたてられ、それによって保育内容を構成されている。また〝発達基準〟、〝発達課題〟ということも、一般化していて、保育計画を考える時の手がかりになっていることも事実である。こうした考え方や、手続きは誤りではない。

しかし、ときには、これが誤りの原因になることがある。こんな言葉をきくことがある。「三歳になっているのに、まだ、仲間とかかわって遊べない」とある保育者は訴える。その園の保育計画には〝数人の仲間と元気で遊ぶことができる〟ということが、この年齢の目標のひとつになっていて、そうした視点で子どもをみることが求められている。それを個々の子どものあるべき姿とみ、クラス集団を、そのように育てていきたいと考えることはいいだろう。しかし、この保育者は、それを一種のノルマととっているのである。その時期に達成させることが、保育目的であり、そのために保育をするのだと、思いこんでいるように思える。子どもは常にそうした目でみられ、そうなるように追いこまれているのである。

それが、さらに極端なかたちであらわれることがある。「卒園までに、全員、逆上りができるようになる」「そうするにはどうすればいいのか」こうしたことが、真剣に論議されることになる。理由は、「この年齢段階では、できるのが当然である」「小学校では、そうしたことが前提になっての指導がおこなわれている」などである。ここではもう、それらのものが、子どもが育っていく姿や道筋をとらえるめやすではなく、達成目標であり、子どものちからを判定する基準になってしまっている。本来の発達基準とか、発達課題ということとは、離れたものになってしまっていると言っていい。

先に保育計画は、バラバラな子どもの活動や教材の配列表ではないと言った。それと同じように（見方によっては、さらに問題の多い）孤立した達成すべき目標の配列表であり、それが個々の子どもの機械的な評価の基準の尺度になってしまっているわけである。

一方では、次のような状況がある。

各年齢の違いをいい、発達段階、発達課題を言いながら、保育の実際の場面では、〝相似形〟とでも言うべきやり方が、なんの疑いもなく進められていることがある。

たとえば、園でおこなわれている行事をとりあげてみればはっきりするだろう。

運動会がある。全園児が同じ形で参加する。配慮されるのは、種目の数と、参加する時間ぐらいではないだろうか。運動会までの過程も本質的にはあまり変わらない。きめられた演目をくりかえし練習する。三歳以下の子どもでも、同じように参加している姿をみることがある。「おかしいと思わないのか」という問いに「むずかしいとは思うが、そうきまっているし、やれないことはないので」と言う、常識的で不確かな答えがかえってくるだけである。

本来は幼児の運動会そのものを検討しなければならないが、それはしばらくおいて、一応いま一般におこなわれているものを認めることにする。そして五歳児では、現行のものでよしと仮定しよう。そうしたものの中に、三歳児が加わるとしたら、どんな問題があるだろう。一方では、まだ「ひとり遊びの段階で大きな集団で活動することは無理だ」と言ってはいないだろうか。「複雑なルールを理解したり、これからおこる状態を予測することはできない」と言われてはいないか。そう言いながら、一見やさしくみえる競技種目が、選ばれているにしても、そうした理解、認識が求められる内容のものに取り組ませていることがないとはいえない。つまり、相似したことを、規模を小さくし、簡略にして強制していると言っていい。

これは行事だけではない。日常の保育すべてにあてはまることである。

こうした角度からの吟味も必要なのである。

2　保育内容

〝生活〟を考える

保育は、子どもの生活全体をとらえ、それを再構成し、質の高い、内容の豊かなものに高めるいとなみである――ということを基盤におきながら考えを進めてきた。

とすれば、保育の内容が、子どもたちの生活の重要な部分を核にして組みたてられなければならないことは当然なことである。

しかし、ともすれば、〝保育内容〟というと、子どもの生活から離れた特別な教材や内容を考えようとする傾向がある。豊かな内容と言った時、雑多なものを、多方面からかき集め、計画の中におしこむことだと思いこんでいる人がいる。それは誤りである。

〝生活〟については、すでにふれた。整理し、要約すると、こうなるであろう。

睡眠、食事、排泄など、人間として〝生きる〟こと、あるいは生命を維持するために必要な内容、そして、日常の生活を進めていくためのさまざまな仕方、言いかえれば、さまざまな活動を支えていくための土台になり基盤になる生活と、その上に、生活の主軸になる〝遊び〟（おとなでは、しごと、労働などにかわる）がある。

この二つの内容が、保育の主要な部分をしめることには、異論はないはずである。子どもたちの発達にともなって、基盤になる生活が、充実し、内容も変化していく。と同時に、ひとりだけの活動だけにとどまらず、集団の活動の比重が高くなることも当然なことである。自分の身辺のことだけでなく、仲間との生活を進めていくための積極的な活動がみられるようになる。いわば家事に似たような活動もあるし、もっと積極的に環境にはたらきかけ、それを維持し、より完全なものにしていこうとする活動も生まれてくる。こうした〝しごと〟は、子どもたちに分担や協業、つまり集団での組織的な取り組みの大切さを教えてくれる。

また、集団での生活を進めていくと、その中で〝行事〟とよばれる活動があらわれてくる。行事は、生活の流れの〝節〟である。とともに角度をかえてみると、それは日常の生活、遊び、あるいはしごとの内容が、結集された生活文化であり、集団で取り組む総合的な活動ということができる。

この行事をどうとらえるかによって、その評価はことなってはくるが、保育内容を考えていく時、無視したり、軽視したまま通りすぎることは、やはり誤りと言わなければならない。また保育の外においたり、ただ慣習的にとりあげ、園運営の一種の装飾物として考えていることがあるとしたら、それもまた誤りである。

〝行事〟を生活の一部として位置づけ、子どもたちが主体的に取り組むものとしてとらえるとすれば、保育者は、これを計画的にとりあげ、意図を明確にして、子どもたちの主要な活動として考案していかなければならないであろう。

生活そのものではないが、〃課業〃とか〃課業的活動〃とかよばれているものにもふれておく必要があるだろう。

〃課業〃という言い方がまだ熟していないうえ、それが幼児期の子どもたちにはなじまない響きをもつので、抵抗を感じる人々がいることは事実である。(私自身も、まだこうした言い方は、ほとんどしていない)。

言い方は、ともかく事実に目をむけてみよう。

子どもたちが、縄とびをしている。じょうずにとんでいる子どもたちは、さまざまな工夫をしながら、楽しみ、遊びに熱中している。しかし、中にはよくとべないもの、まったくとべないものもいる。この子どもたちは、やがて遊ぶことをあきらめ、その場からはずれていってしまう。いま熱中している子どもたちも、それに慣れきってしまい、それからぬけでることができない時には、やはり「もうやめた」という状態におちこんでしまうことが少なくない。

どの子どもも遊びたいのである。

こんな時、保育者が、子どもたちのゆきづまっている点をみぬいて、要所を援助し、そして指導していったとしたら、遊びはまた活性化していくにちがいないのである。そのために〃縄とび〃を正しく順序だてて組織的に〃学習〃させていくことを考える必要があるのである。

また、こんなこともあるだろう。

誕生会で、部屋飾りをしようとした。子どもたちから、いくつかのアイデアがでた。しかしとりかかってみると、彼らは、そのアイデアを具体化するすべをもたない。計画は放棄された。放棄されないまでも、つくられたものは、子どもたちが予期したものと遠いものになってしまった。こうしたことが、よくあるものである。彼らが、輪かざりをつくり、造花をつくり、あるいは壁画をかくこと——彼らが飾ろうとした内容に近いこと——をどこかで、経験しているとしたら、活動は活発になり、成功したにちがいない。また、そうしたものをつくる方法なり技術、あるいは素材の選択なり、構成のちからを身につけているとしたら、活動は自由になり、豊かなものになり、しかも子ども自身のものになったはずである。

こうした場合でも、前の〝縄とび〟と同じことが言えるのである。

子どもたちの状態をみぬき、順序だて指導する。その場合、漠然と〝机とびの指導〟をする。あるいは〝輪かざり〟をつくらせるというのではない。子どもが獲得し、身につけなければならないこと、つまり指導すべき視点をしぼり、明確にすることが、まず必要になる。また求める内容の順次性をふまえ、正確に積みあげていかなければ、子どものものにはならない。

子どもの生活全体とかかわりをもちながら、〝単一な目的をもって取り組む活動〟を系統的に計画し、保育計画に位置づけておくことは、子どもたちの生活や遊びを豊かにし、活力のあるものにしていくためには、必要なことなのである。（I章の4節、5節をもう一度読みかえしてほしい。）

子どもの生活が、その年齢によって、変化していくかは、あらためて述べるまでもないことである。保育計画をたてる時、それを配慮しなければならないことは当然なことである。

領域を考える(1)——六領域をめぐって

保育内容〝領域〟は、保育現場では、常に問題にされることがらのひとつである。

ある園では、領域のことは、あまり問題にしないで、「子どもの生活、活動を中心に考えている」と言う。またほかの園では、「領域別にバランスを考え、指導内容をきめている」と言う。なかには「時間割がある」というところもある。じじつ、その園では保育室の壁に小学校と同じような〝時間表〟がはられていて、そこには〝社会〟〝自然〟〝言語〟などの文字がみられる。これほど極端ではないにしても、あまり遠くない考えで保育計画を組んでいる園も少なくない。

肯定するにしろ、否定するにしろ、〝領域〟の問題が、保育計画を編成していく時に、素通りできない問題としてあることは事実なのである。

現行の幼稚園教育要領の中の『教育課程の編成』について述べている第一項に、こうした記載がある。

「教育課程を編成するときには〝健康、社会、自然、言語、音楽リズム、及び絵画製作の各領域〟に示してある事項によって、それを組織するように。」

と言っている。そして、そこでしめされた各領域(一般には六領域と言っている)が、次の第二章〝内容〟のところで、精細にかかれているわけである。精細といったが、きわめて多岐にわたる項目が、羅列されているのである。

その上、そこでは、こうも言っている。

「幼稚園の教育の目標を達成するためには、園の教育がおわるまでに、これらの内容がなんらかのかたちで指導されることがのぞましい」
と読みとれる内容の文章がある。

こまかく読めば、その中には、地域や園の状況を考えるべきであるとか、総合的な活動が大切であるとか、小学校の教科とは、その性格が異なるものだと言われはしているが、一般の関心は、そうした解説にはない。

六つにわけられた傾城と、それぞれにかかわってずらりと並べられた項目にしか目がいかない。しかも、これが〝基準〟になるものであり、〝拘束するちから〟をもつと解説されているわけであるから、どう説明されようとひとつの鎖になっていることは事実である。

小学校の教科とは異質とは言っているが、この要領の作成にあたった主要なメンバーのひとりが、「これで小学校の教科との円滑な関連ができた」と述べたことがある。そうした人々でさえそうであるから、一般に、健康―体育、社会―社会、自然―算数・理科、言語―国語、音楽リズム―音楽、絵画製作―図画工作というかたちで受けとめられることは、きわめて自然である。

〝領域〟＝〝教科〟という受けとめ方は、根強いものがある。

そこに立ってしまうと、ずらりとならんだ項目を、まるで子どもが積み木を積みあげるように、組みたてることで、保育計画をつくることができ、保育ができるように思う――というよりもそうしなければならないと考えるようになる。

もともと〝構造的〟にとらえられていない項目である。どんなに工夫しようと、その組みたてはみせかけにすぎず、バラバラの内容を、子どもたちにおしつける保育になることを、まぬかれることはできないはずである。

バラバラのものを、どう束ねてみても、ひとつのものになるわけはない。ところで、一応これらの領域なり、項目に忠実に、保育を進めていこうとする人々の中に、浮かんでくる疑問があるはずである。

たとえば〝健康〟の内容に「鬼遊びなど集団的な遊びをする」という項目にぶつかる。いままでは、あまり疑いももたず〝健康〟の内容として位置づけていたが、考えてみると、それはおかしいのではないか。きわめて単純な見方をしても〝集団的な〟と言っているのだから、〝社会〟の領域にかかわるのではないか。子どもたちは、遊びの中でさまざまな約束をきめていた。そのために話し合い、自分の〝ことば〟で他に伝え、これを理解していた。これは遊びの一部ではなく、そうとう主要な部分だったと言っていい。〝言語〟で言われていることは、これにかかわらないのだろうか。

組みたてていた積み木は、ここで簡単にくずれてしまう。そこにあるものは〝鬼遊び〟であって、〝領域・健康〟の活動ではない。

どうやら、いままでこだわってきた〝領域〟のとらえ方、考え方は、変えていかなくてはならない――そうしたところに、たどりつくのではないだろうか。

領域を考える(2)――構造的把握へ

〝調和〟とか、〝かたよりがないように〟ということが言われる。保育の内容が、バランスのとれたものでなければならないということが、保育計画をたてる時（あるいは、実践を反省、検討する時）の第一要件にされていることが少なくない。

そうした時、ここに示された六領域の内容を〝まんべんなく〟計画の中にもりこみ、配列することによって、バランスのとれた保育計画がつくれるのだと考えてしまう人があらわれる。また、そう思いこませるような指導もおこなわれている。

ただでさえ、バラバラの教材配列表におちいりやすい保育計画が、さらにその色彩を強めてしまう。一見、まとまりのあるものにみえていても、バラバラのタイルをよせ集めたものである。そこにみられる〝まとまり〟も〝調和〟も、虚像にしかすぎないのである。

第一、前のところでふれた六領域そのものが、人間をまるごととらえようとしているものではない。

取り扱いにあたっては、総合的にとらえ、実践にうつすべきだとことわりがきをしているが、この六つの領域がどんなかかわりをもち、どんな位置づけをすればよいのかは、すこしも語られてはいない。

並列して示すことが無理なものを、同じラインにおくという矛盾をおかしているわけである。

常識的に考えてみても、〝言語〟と〝絵画製作〟が、同じラインにおかれることを、そのまま肯定することはできないはずである。絵画とか製作と言われるものは、人間の表現活動の一領域であり、言語は、人間の生活全体にかかわることであり、教育の土台の部分で問題にされる内容をふくんでいるものである。そうしたものが、あたかも同価のもののように、並べられているのであるから、われわれは、とまどいを感じないではいられないのである。

いままで、何度もくりかえしてきたように、私たちは、保育の内容を考える時も、人間を全体としてとらえ、そこで考えられる内容も構造的にとらえていかなければならないのである。

領域を考える(3)——人間をみる側面

私自身、いわゆる〝六領域〟的な考え方を重くはみない。

もっと、単純に、直截に、人間のいとなみ——生きること——を考えてみると、そこに糸口があるのではないだろうか。

われわれは、〝身体〟をもつ。この身体が、人間として育ち、生活する実体であることは、だれも疑わないはずである。

生命を維持し、人間として行動するちからをたしかなものにしていくことが、まず考えられなければならない。

同時に、われわれは、〝社会〟の中に生まれてくる。その社会に適応するとともに、それに常にはたらきかけ、その中で創造的に生きるちからをたくわえていかなければならない。

角度をかえてみれば、われわれ人間は、自然の一部であり、自然の中に生きる。また自然にはたらきかけながら、新しいものを生みだし、つくりだしてきた。人間の知恵のはたらきの多くは、この中で、生まれ、そして高められ、体系だったものになってきたとみることができる。

自然を楽しみ、自然をみつめ、それに取り組む方法を生みだし、それをつくりかえながら生活の中に取り組んできた人間の歴史を考えてみれば、子どもたちが学び、身につけていかなければならないことが、明らかになってくるはずである。

自然を楽しむと言った。それと同じように、ひととひととの生活の中で、私たちは、喜び、悲しみ、ときには思いを感じて生きている。ものやことと対応する時、この感じること——感性のはたらきは、きわめて大切なはたらきをするはずである。狭い知的な部分にとらわれがちのこのごろでは、ともすれば、こうした心のはたらきを軽くみてしまいがちである。

感性は、ものと取り組み、人とふれあい、さまざまな文化財とであう中で、豊かになり、高められていく。そして、それらが、さまざまなかたちで表現され、形象化していくわけである。さまざまな内容を語り、つづる。うたい、描く。からだと言葉を駆使して表現することなどがみられるわけである。

〝身体〟が、人間の土台であるとすれば、さまざまの行為、行動を貫いてあるものは、〝言語〟——日本語である。

子どもたちは、生活全体をとおして、日本語を自らの中に組みこみながら、表現し、仲間とのかかわりをつくり、ものやことを正しくとらえ、そして、それによって思考していくのである。

こうみてくると、保育内容をどんなしくみをもってとらえられなければならないかが、おのずから明らかになるはずである。

3　保育方法

〝保育方法〟をどうとらえるか

よく言われることであるが、講習会は満席になるが、講演会には空席が目だつという事実がある。つまり、運動会での種目などの実技とか、手遊びと言われるようなテクニックの指導講習会には人が集まり、熱心に耳をかたむけ、メモをとるが、原理的な内容にかかわる講演会や、研究会には、積極的な参加も少ないということをさすわけである。これは、ただそうした事実があると受けとめるだけに終わるわけにはいかないことがらである。今までの保育現場がもっているひとつの体質を示していると、言えなくもない。

〝なにを〟とりいれ〝どのよう〟にするかということには、強い関心をしめし、それに熟達することには真剣であった。数多くの〝なにを〟を知って、巧妙に、それをとりあつかう人々を、高く評価する風潮が強かったのは事実である。

しかし、その人々は〝なぜ〟それをとりあげるのか、〝どうして〟そうしたやり方をするのかということには、あまり関心をしめそうとはしなかった。というよりも、そうしたことを追求することは、保育にとって、まったく役にたたないことだとさえ考えていた。

オルガンで、子どもを一斉に操作し、手遊びと言われるもので、子どもを集中させるということが、なんの疑いもなくつづけられ、つづいてきているのも、その証拠のひとつと言っていい。そして、そうしたことを巧妙に組みあわせ、子どもたちを意のままに動かしていく人々を、よい指導者として認め、称賛する傾向が強い。こうした保育では、常に保育者がスポットをあびて目だち、子どもが埋没してしまうことになる。

またこうしたことも、あちこちにある。

〝運動会〟がおこなわれる。園内では、〝どうするか〟の話しあいがおこなわれる。日時、種目そのやり方に論議が集中する。そうした中で、はじめて運動会を経験する若い人から、「どうして運動会をするのですか」という質問がでる。活発だった話しあいは、一瞬静まり、しばらく沈黙がつづく。「なにをいまさらこの忙しい時に」という反応さえみられる。説明はただひとつ。「前から、こうしているのだし、どこの園でもやっていることだから」それ以上のことを、ここでとやかくいうことは、無意味だ——ととれる説明である。

どうすれば、手がかからず、効果があがるかということは真剣に論じられても、「なぜ、それをとりあげるのか」ということにふれようとはしない。

こうしたことは、運動会だけのことではない。すべてに共通して言えることである。

こうした体質があるかぎり、保育の方法が、表層のテクニックそのものだとする状況からぬけだすことは不可能であろう。

〝なぜ〟を問うこと

〝方法〟は、単なる技巧、テクニックではない。〝なに〟を〝どのようにして〟子どもたちのものにしていくかという、手順や、そのあつかい方を工夫し、効果的に進めていくことは大切ではあるが、その底に、〝なぜ〟それを必要と考え、そうしようとするのかという問いが、常になければ、それらは形骸に堕してしまう。

多くをいう必要はないだろう。

たとえば、園外保育に動物園にいく。（なぜ動物園にいくのかも問わなければならないが、いまはそれを一応おくことにしよう）。そのあと、きまったように〝動物園にいった絵〟をかかせる。

保育者は、子どもたちときのうのことを話しあい、何をかくのかを思い出させ、たくみにかくように誘導する。子どもたちは、一様に動物園にいった絵をかきあげる。この指導はたくみであり、できた絵も、別に問題がないものとみられはする。

しかし、この保育者は、ひとつのパターンに沿って〝絵をかく〟ということをとりあげただけであり、子どもたちは、保育者の誘導によってかいただけのことである。

絵をかくことによって体験したことを、たしかめさせたいという願いがあるわけでもない。動物園で見たり、遊んだことのなかに、絵で表現したいという心をゆり動かすものがあったわけではない。ここには〝なぜ〟も〝なにを〟もない。あるものは、固定してしまった方式と惰性だけである。

ある保育者は、同じような場面で、別のやり方を選んだ。動物園にいく前に、いった先で行動するグループをつくった。子どもたちは、グループの仲間と「動物園へいったら」ということで話しあった。彼らは、自分たちの経験を手がかりにしながら、イメージづくりをしたわけである。動物園にいった時、このクラスの子どもたちの姿は、ほかのクラスとはすこし違った。前日の話しあいにでてきた動物や、気にいった動物の前では、じっと動こうとはしなかった。

翌日、子どもたちは部屋の中に動物園をつくりはじめた。大積み木を積みあげてサル山をつくるグループもあるし、イスで囲んでペンギンの池をつくるグループもあった。子どもたちは、自分たちが動物になって遊びはじめた。保育者は、こうした子どもたちの姿をみて、動物をつくることを提案してみた。彼らは、自分たちのつくった山や、池におく動物を、空き箱などを使ってつくることに、すぐに取り組みはじめたのである。

こうした進め方が、すぐれたものであるとか、正しいやり方だというのではない。しかし、この保育者には、「動物園をみせるのではなく、動物園にいくのは、子どもなのだ」という立場が明確である。はじめのグループづくりも、その話しあいも、動物園での行動も、あとからの活動も、その一本の線でつらぬかれている。

方法は、それを具体化するためのものであり、ただの形式でないことは、あらためて言うまでもないであろう。

どの活動の場合も、同じでなければならないのである。

総合活動を考える

最近しきりに言われる〝総合活動〟について考えてみることにしたい。正確に、あるいは狭い枠づけからすれば、ここで語ることは、適当と言えないかもしれないが、広く定義すれば、活動の形態も、方法の中に包括していくことができるのではないだろうか。ともかく吟味を進めることにしよう。

一般には、総合活動という新しい活動、あるいは方法が提唱され、そうした活動を、保育の中に組みこまなければならないと受けとめられている。またそのように説明し、そのやり方を教授しようとする人もいる。そうした線上に、次のような論議が生まれてくる。

「私の園では、秋の〝いもほり〟を総合活動としてとりあげています」という発表にであった。内容は、こうである。

まず絵本で秋の自然について話しあう。そして一方では、農園で働く人々に関心をしめすようにする。そして、みんなで秋の歌をうたい、さらに関心を深める。いもほりから帰ってくると、「いもほりの楽しかった様子」を絵にかいて、発表させる。

こうすれば六領域のほとんどが、この中に組みこむことができるのではないか――というのが、その発表の要旨である。この人は、〝総合〟ということを、六領域の諸内容が先にあり、それを〝いもほり〟という活動の中に、どんなふうにおしこむことができるかという意味としてとらえているのである。この種の理解、実践はあんがい多い。

〝総合活動〟が提案されたのは、そうした姿勢へのアンチテーゼとしてであったはずである。

以前から〝単元〟とか〝総合的な取り扱い〟という言葉があり、それにそった実践があった。〝遠足〟ひとつをとりあげた時、遠足の歌をうたい（音楽リズム）、団体行動のしつけをし（社会）、歩くことで体力をつくり（健康）、落葉ひろいをし（自然）、遠足のあとは経験を発表させ（言語）、絵画表現をさせる（絵画製作）。これで全領域が包括されているということが、典型として保育雑誌などでかかげられることが多かった。

これらは、一見まとまりのある活動のように装ってはいるが、バラバラの活動を、いわば連想ゲーム的に、おとなが連結させ、ひとつの風呂敷につつみこんだにすぎない。子どもにすれば、何の関連もないことを、おとなの指示、誘導に従いながら、やらせられているのではないかという疑問がなげかけられたわけである。否定し、のりこえなければならない誤りだとはっきり指摘されたはずである。

しかし、前にとりあげた〝いもほり〟は、またその地点に、まいもどろうとしているのではないだろうか。

またこの〝総合活動〟が主張されるもうひとつの理由は、領域別のこまぎれ保育への批判にあった。バラバラの教材なり、活動を枠づけして子どもたちに個別的に与える、ときには、保育者が一方的に教えこもうとすることが、この時期の子どもたちに適当な仕方ではないと言われながら、現場では、そうしたやり方から、脱出することができないでいるという事実はけっして少なくない。本来の子どもたちの活動のかたちはどうなのか、という反省から意識されるようになったと言っていい。

もともと子どもの活動は〝総合的〟なのである。人間の生活、活動は、どれも単発のものはなく、かぎられた枠の中の内容だけで成り立ち、解決されるものはない。ひとつの構造をもったものとしてとらえなければならない――ということは、くりかえし述べてきた。

われわれが、〝総合活動〟を言い、それを意識するのは、そうした人間のもともとのあり方にたちかえって、子どもの活動をとらえなければならないとするからである。連想ゲームでもなければクロスワード遊びなのではない。

先ほどとりあげた〝いもほり〟を例に考えてみよう。

もしか、掘るいもが、自分の園の畑でつくられていたものなら、それまでの取り組みとの関係で、この活動の位置はきまってくる。自分たちのはたらきのひとつの成果としてのとらえ方もでてこようし、年齢の下の子どもたちなら、主としてはたらいた年長の子どもたちとのかかわりで考えていく内容が生まれてくるだろう。

もし他の畑のものならは、内容が変わってくることも当然のことだし、子どもたちの期待感の質も違ってくるだろう。

子どもたちは話しあいによって〝いもほり〟という活動のイメージをつくり、その手だてを考える。その場合、畑やいもをより具体的なものとしてとらえることが大切になるはずである。スコップを用意しなければならないということは、いもが地中にあり、たやすく掘れないものということとむすびついて、はじめて子どもに理解されるわけである。

実際に作業を進める時は、さらにそうである。ただ機械のように掘るのではなく、畑といもに正対し、それを深くとらえていくことで、この作業は、内容があるものになるはずである。

しかも、それらが集団で組織的に取り組むとすれば、日常のクラスの生活のあり方と無関係ではないであろう。さらに、掘ってきたいもを、どう処理するかによって、いくつもの活動が考えられるはずである。

みんなでいもを掘るという活動ひとつをとらえてみても、それが成りたつためには、さまざまな経験、あるいは活動が、それを核にしながら存在し、機能しているわけである。〝導入のための話しあい〟〝いもほり〟〝経験をもとにした表現〟といった単純な図式におさまるわけはないのである。

私たちは、もっとも総合的な活動として、子どもたちの〝ごっこ遊び〟やある種の行事活動を知っている。その姿を克明におい、客観化してみると、〝総合活動〟のひとつのモデルにゆきあうはずである。

ともかく、〝総合活動〟は、ひとつの形態としてではなく、子どもたちの活動の本来の姿として、人間が、ものごとに取り組む基本的なあり方としてとらえる地点にたたなければ、正しい方向はみえないであろう。

行事活動を考える

同様に〝行事活動〟も、誤ってとらえられやすいもののひとつである。

行事が、正統な保育ではなく、それに付加された別個のものと考えられていることが少なくない。こうした場合、ともすれば行事は、子どもの正常な生活からかけはなれたものになり、保育そのものを圧迫することになると一般に言われている。事実、行事そのものが、だんだん肥大化し、独走している姿をみることがある。

その人々に「なぜ行事なのか」を問うてみる。「〝なぜ〟と言われても、それは、すでにあって、おこなわれたものだから」「どこでもあり、だれもがやっていることだから」という答えがまず返ってくる。そして「できるだけ負担にならないように工夫しています」ということが、ただひとつの弁明としてつけくわえられるのが常である。

保育の内容と認められないものが、保育の中に割りこんでき、もともと子どもの活動とは認めがたいものが、子どもの生活の中に座をしめる——どう説明されようと、理解するわけにはいかないことである。

「負担を軽くしたい」という発想がでる根底には、それは重視しないでいいという考え方があるとみなければならない。できるだけ〝ゼロ〟の方向に進みたいという意向もあると言っていいだろう。それでいながら、そのために時間と労力をかけている事実があるわけだから、自家撞着もはなはだしいと言わなければならない。

いずれにしても、子どもにとって、〝行事活動〟とは何か、という問いをしなければならないのである。前のところで、何度かふれてはきたが、多少の重複をいとわずもう一度吟味してみることにしたい。

われわれの生活にとって、〝行事〟とはなんなのであろうか。保育の中の、あるいは子どもの生活の行事と言っても、本質的にはそれとは別種のものではないはずである。

〝行事〟は、なみの日のことではない。日常生活の中に埋没してしまうようなものではなく、ひときわ目だち、意識されることであり、ときである。

運動会がある。子どもたちは、その日を待ちわびる。われわれもそうであったし、いまの子どもたちもそうである。そして、その日のことをいつまでもおぼえている。終われば、また一年たたないと、その日がやってこない。だから大切にし、心にも刻みつけることができると言ってもいい。私はこれを〝行事の非日常性〟と言っている。非日常的であるがゆえに、日常的なものではうることのできない、強い説得力があり、子どもの深層にはっきりした像を刻みつけるということに、まず注目したい。

であるとしたら、それは日常生活と、まったく無関係に、まったく別個のものとして存在するものなのであろうか。そうではない。子どもたちは、走ったり、跳んだりすることが大好きである。仲間とかけまわったり、競争したりすることを、きわめて日常的な行為としておこなっている。

また、仲間を集め、ルールをきめて遊ぶことも、年齢が高くなれば、毎日くりかえしてなされている遊びの姿である。〝運動会〟の内容になるものは、いわば日常の遊びが、結集され、整理されたものとみることもできるであろう。

社会で言われる〝行事〟にもこれと同じ要素がみられるといえるのではないだろうか。日常の生活に対して〝はれの日〟と言われるのは、毎日の生活そのものではないが、それが整理され、昇華され、ひときわ輝くものにしたいという意味をもつと、私はみている。

園の行事を考える時にも、この視点を失ってはならない。

すでにふれたように行事は、個（ひとり）のものではない。それに参加するものが、みんな同じ経験をし、楽しみを共有するものである。

〝ぼくの運動会〟は、同時に〝○○ちゃんの運動会〟である。第三の視点は、ここにあると言っていい。

行事に参加するという言い方がある。参加という言葉を、ただそこに加わるという受け身にとるのは正しくない。参加するということは、その活動のつくり手のひとりとして加わるということである。その活動の一員として、その行事の担い手になり、つくり手になってはじめて行事に参加する意味が生まれてくるのである。行事は、それに加わるものによって創造されるものでなければならない。

以上のような見方をしてくれば、〝行事活動〟は、子どもたちの生活から生まれ、生活に根づいたものでなければならないということが、はっきりしてくるはずである。そしてそれが、保育の中で、価値ある位置をしめるであろうことも明白である。「日常生活のさまたげにならないように」という消極的な姿勢が生まれてくるわけもないし、子どもとかけはなれた、おとなの思わくだけで計画され、強行されるこけおどしな催しがあらわれるわけはない。

どう進めるかを考える前に、子どもにとって行事とは何かを正しくとらえるべきなのである。

〝課業〟の問題

〝課業〟という言葉をよく耳にするようになった。素通りにするわけにはいかないであろう。しかし、ここでは、課業そのものを論じ、定義づけ、その内容をあきらかにしようとするのではない。いま、一般に課業と考え、おこなわれていることがらについての問題を指摘し、いくつかの見解を述べたいと考えている。

言葉自身は、耳新しく、ものものしいと感じる人があるかもしれないが、〝課業〟と言われているものにあたるものは、以前からあった。というよりも、むしろかつての保育は、課業的であったとも言ってもいい。

折り紙などの工作、絵画、歌、遊戯などが、生活指導、遊びとともに日課の中に組みこまれている。保育者のおもな関心は、どんな教材を選び、どのように指導していくかにあったのではないであろうか。保育計画を考える時、ほとんどの精力は、その教材選択と配列にそそがれたはずである。

「子どもの活動自体に目を注ぐべきだ」という主張が、教材主義、教師先導型の保育におちいりやすい、そうしたゆき方に対しての反省から生まれてきた。教えようとすることから、子どもへの視点の移動ということは、今の人々にとっては、むしろ常識かもしれないが、その時点では、容易ではないことだったにちがいない。端的にいえば、保育観の変革であったわけである。

教えようとする教材よりも、活動する子どもに視点はうつされた。保育者の意向をこえて、子どもの興味や自由な選択が優先するという考えが反映するようになった。定った形の中で一斉に行動することよりも、個々の子どもが、自分の満足のいく行動をすることを尊重すべきだと考えるようになった。

〝遊び〟が、保育の主座に位置づき、自由活動が、望ましい姿だとされるようになった。しかし、そうした考え方は、かならずしも正しく理解され、実践にうつされたとは言いがたい。表面だけをなぞる似而非なるものがみられるようになったことも事実である。

子どものゆくままにまかせた無方向な毎日をおくりながら、それを〝自由保育〟と思いこんでいる人々もあらわれた。〝教えること〟はむしろ邪道だと信じこみ、保育者の存在すら認めようとしない極端な例もみられることがあった。信じこみ、それを立場にする人は、まだいいとしても、不安を感じながら、形だけ追随するあやふやな実践の姿をみることも少なくはなかった。

「子どもたちに組織的にはたらきかけ、身につけるものがなくてもいいのか」「積みあげはどうするのか」という疑問や、批判がでてくるのは、むしろ当然と言っていいであろう。〝課業〟という言葉、あるいはことがらは、そうした状況の中で意識されるようになったとみていいだろう。

〝経験〟や〝活動〟が誤ってとられたと同じように〝課業〟ということも、かならずしも正しくとらえられ、正しく実践されているとはいえない。

〝課業〟という言葉は〝授業〟という言葉におきかえられうる。われわれには歴史的につくられた授業の概念があり、イメージがある。つまり黒板があり、教師が教壇に立ち、机を前にした生徒に教えこんでいるという姿が浮かんでくる。

振子が、逆にふられると、ともすれば、こうした姿の虜になる危険があった。一部の人々は極端にこれを拒否し、一部の人は、その姿の中に駆けこんでいった。

子どもたちを机の前にひきすえ、保育者の用意した教材に一斉に取り組ませ、画一的な効果をみなければならないとする傾向もみられるようになり、それをしないことは、おとなの怠慢だという声さえきこえはじめた。こうした傾向に、能力主義への信仰が加わると、はじめの意図からは、まったくかけはなれた状態がみられることになってしまう。文字、数の学習、ワークブックによる学習と、子どもたちは思いもよらぬ、袋小路に追いこまれることになってしまった。管理的な生活指導、放任の中の遊び、そしてノルマを課せられた〝勉強〟の三本立ての園がみられなくもない。

〝課業〟は、そうしたものであってはならない。子どもたちが、人間として育つ、主体的に自らの世界をつくりあげていく過程で、おとなが子どもたちのために取り組む必要な内容を用意することは当然なことである。それに自由な場面で、自ら選びながら取り組むことが適当な場合と（適当というよりも、それのほうが必然性があると言ったほうが正しいであろう）ひとつの場面の中で、共通に取り組むほうがより適当である場合もあるだろう。また、子どもたちがより主体的にものごとに取り組むことができるように、おとなが、教え、学習させることが必要になる場合もあるはずである。

こうした考え方については、別のところですでに述べた。（I章の中の三層構造、三層の関連の部分と、この章のはじめの部分を読みかえしてほしい。）

要は〝課業〟という言葉にこだわることではなく、子どもたちが主体的に活動する、自分のものとして遊び、自分の生活だと考え、その主人公として生活していくためには、なにが必要なのかをとらえることである。そのために、一般に言われる〝課業的活動〟に必要性があるととらえれば、生活の中に（保育計画に）正しく位置づけるべきであろう。

〝設定〟と言われること

多少課業と意味がことなるが、〝設定保育〟ということが問題にされることがある。多くの場合〝自由活動〟〝自由場面〟に対応してこの言葉はつかわれる。簡単な言い方をすれば、保育者の側が計画的に用意した内容を、子どもたちに与えたいと意図する時に、この言葉がでてくる。「お店やごっこを〝設定〟としてとりあげる」「なわとびを〝設定〟のひとつに考えている」など。

選んだ内容を、どの子どもにも経験させようと意図することは必ずあるはずである。それを予定し、計画的に子どもに与えることもでてきて当然である。

しかし、この時、注意しなければならないことは、〝設定〟した内容なり活動が、保育の中で大切なものであり、そのほかの自由な場面は、二義的なものという立場におちいらないことである。建て前はともかく、そうした姿をみることが少なくない。

第二の問題は、〝設定〟された内容や活動はいつも一斉におこなわれ、画一的な結果をみなければならないと考えやすいことである。その混同が、ときどき現場を混乱させている。

たとえば、ある時に、クラス全員に、〝なわとび〟に取り組ませたいと考えたとする。「みんなが、すくなくともひとりなわとびを楽しむようにしたい」という願いをもち、保育のプログラムに組みこんだとする。一日のある時間、全員を集めて〝一斉〟に指導しはじめる。一斉に同じことをすることが、その活動にとって必然性があり、また子ども同士の相互のはたらきあいによるたかまりがあるとすればよいが、設定＝一斉という固定した観念でなされているとしたら、好ましいこととは言えない。自由な場面の中で、ひとりひとり、または数人のグループと対応する中でのほうが、より効果的であると考えることもできよう。

また、設定では、すべてに同じ結果を求めなければならないと考えているとしたら、それも誤りである。どんな場合でも活動するのは子どもである。「絵をかかせる」のではなく「絵をかく」のである。「とび箱をとばせる」のではなく、「子どもがとぶ」のである。一定の結果を等しく求めるのではなく、それぞれの子どもが、自分のこととして取り組み、結果を生みだしているかどうかをみていくのは当然なことである。

自由な場面でだけ、子どもたちが自由で、主体的であればいいのではない。同じ課題に取り組んでいる時でも、子どもたちは同じようでなければならない。

課業にしても、設定にしても、子どもが、それを自らのこととして取り組んでいないとしたら、与えようとしていることが誤っているか、子どもたちに対している保育者のあり方が誤っているかどうかである。

指導案の問題

形式はさまざまではあるが、〝日案〟とか〝週案〟とかよばれているものがつくられている。これが、日々の保育を進めていく具体的な手がかりになっていることは周知の事実である。しかし、この具体的な手が、か、か、りであるはずのものが、ほんとうの手がかりとして機能していないことが少なくないのではないだろうか。

たしかに形式は整っている。

その週なり、その日の〝目標〟あるいは〝ねらい〟が明記されている。一日の流れにそって(園にきめられた目標に沿っている)活動内容が配列されている。そうした目でみるかぎり、この指導案には問題がないとみられる。しかし、どこかたりない。何かが欠けていると感じないではいられない場合が少なくないのである。

その保育者の意図、一日の保育のイメージが感じられない。その〝案〟から、そうしたものが湧いてこないのである。第一、目標なりねらいなりが、抽象的、観念的で、その保育者のほんとうのねらいになっていないことが多い。言葉をいかに飾り、形式を整えても、内面にこうしたいという真実の願いがなければ、なんの意味もない。

その証拠に、かかげられた目標や、ねらいと一日の具体的な活動の間に、なるほどと肯ける関連がすこしもみられないことも、珍しくはない。

たとえばこうである。

その人は、〝めあて〟の欄に、こう書いている。「楽しく遊ばせる」と言い「グループで自主的に生活させる」と書いてある。

　しかし、この人の一日の生活の内容をみると、運動会の準備のために、教師がそうとう強力に指導し、統制していかなければ、とても進まないような内容がもりこまれていて、とても子どもが、集中して遊びこむような余裕をみつけだすことは不可能なのである。それにどの部分をみても、「グループで自主的に生活させ」ようとする配慮も工夫もない。ただあるものは、運動会の練習のための内容と指導の手だてだけである。

　この人にとって「日案」（あるいは週案）は、保育者が予定した内容を消化するための日程表にしかすぎない。しかもその予定された内容は、その保育者が意図し、必要としたものではなく、〝きめられたもの〟であり、上から指示されたものなのである。ここでは保育者は、ただ内容を操作するロボットにしかすぎず、日程を消化するコンベアの役割しかはたしていないといっていい。

　指導案は、内容消化のための日程表ではない。保育者が、子どもとともに、どんな生活をおくろうとするのかを構想する設計図である。指導案をつくるというのは、単純な作業ではなく、自分がやろうとすることのイメージを描きだすしごとなのである。

　そのイメージの核になるものは、〝ねらい〟であり〝目標〟である。これは、指示されるものでもなく、外から借りてくるものでもない。〝私のねがい〟と〝子どもの要求、実態〟との接点から生まれるものである。この二つのものは、時には抵抗なく融合するであろうし、時には相克し、火花をちらすことになるかもしれない。それでこそ、はじめて生活をおしすすめ、保育をちからあるものにしていくエネルギーの源泉になることができるのである。予想される内容は、この〝核〟の具体化でなければならないことは、言うまでもないことである。この核に、子どもがどう取り組むか、自分がそれにどうかかわればいいのかを、具体的に構想し、予測するものでなければなるまい。この楔《くさび》がかけていたのでは、いくら形式的に完備していようと、〝指導案〟というわけにはいかない。

また、これは〝案〟である。くりかえし言うように内容消化の日程表ではない。実践しはじめると予測したとおり進まない部分がでてくるのはむしろ当然である。吟味が不十分であることも考えられるし、予測をこえて、子どもが前進することもあるだろう。

〝案〟は、あくまで可能性でなければならない。常に修正していく用意が必要である。それが微調整に終わることもあろうし、路線転換をしなければならないことも、現実にはあるはずである。それに目をつぶって、はじめのやり方に固執することは正しくない。常に問題を発見し、それを吟味していく姿勢がないかぎり、生きた指導案が生まれてくるわけはないのである。

そのためにも、あとでとりあげる実践の記録と分析評価が、この裏になければならないと考えている。

〝環境〟は生きているか

環境の問題を広くとらえれば、それについて述べるためには、あらためて稿をおこす必要があるだろう。ここでは、保育に直接かかわる問題にしぼって、いくつかの観点を指摘することにとどめたい。

環境のことは、古くから言われ、だれもが口にすることであるが、それでいて必ずしも正しくとらえられているとはいいがたい。ある園をたずねてみる。園庭は整備されてい、遊具も豪華なものが並んでいる。花壇にも花が植えられている。保育室も、整頓されていて、清潔にみえる。みたところは、子どもたちにとって〝よい環境〟といえそうであるが、そこに子どもたちの生きた生活は感じられない。子どもの手垢がしみているとはみえないのである。むしろその完備されたスタイルが、子どもを遠ざけているとさえ思われるのである。〝環境〟とは、ただものをそこにおいたということではいなであろう。

〝遊び〟の場合を考えてみよう。

遊ぶためにはまず空間が必要である。遊べる場所、遊んでいい場所が、どれだけ、どのようになければならないかを考えていかなければならない。

空間は、真空であってはならないであろう。〝もの〟が、そこにはある。土があり、草があり、遊具がある。子どもたちは、そうしたものによって触発され遊びはじめ、あらたなものを組みこむことで、遊びを展開し、深化させていくことは、ここで言うまでもないことである。

また、そこには〝ひと〟がいる。人間とのかかわりによって、遊びが左右されることは、われわれの経験からも明らかである。

遊びだけでなく、子どもたちが充実した生活をし、それをたかめていくためには、おおまかに言うと、いまあげたような三つの要件が必要なのである。

「それは、どこにもある」とおおかたの人は言うにちがいない。はじめにあげた園にも、園庭や保育室があり、花や遊具があり、もちろんひともいはした。それでいて、子どもたちの生活を感じることも、活発な遊びの姿がみられなかったのは、どうしてであろうか。

〃ある〃というのは、ただ物理的に存在しているということではない。それが〃はたらき〃をもっているかどうかが問題である。環境を言う時にともすれば、この〃はたらき〃を見ようとしない。

砂場がある。子どもたちは、そこであまり遊ぼうとはしない。簡単に言えば、あまりにも制約が多すぎるからである。そこへ入る時にも、いくつもの約束がある。何よりもこまるのは、衣服を汚さないようにやかましく言われることである。その上、そこにもちこむものは、きめられた砂場の道具だけである。水は使えない。木片や空きかんも危険防止のために「いけない」と言われている。

これでは、砂場が、子どもの〃環境〃になるわけはない。なるとしたら、おとなの抑圧、あるいはその抑圧に抵抗して〃禁じられた行為〃をする歪んだ快感を経験させることにしか役だたないであろう。

またこんな場面もみられる。

花壇がある。そこは園長の管理下にある。その花をいじることもできないし、はたらきかけることもない。子どもが関心をむけないのも当然である。しかし、この園では「子どもの美的情操をたかめるため」に、こうした環境整備にはちからをいれていると言っている。

これも死んだ環境のひとつであろう。

多少極端な例をひいたかもしれない。しかし同じようなことが、気づかれないまま、日常化していることはないだろうか。

保育室を点検してみる必要はないだろうか。一応整理され、清潔にはなっている。しかしそこには、なんの表情もなければ、子どもをひきつける魅力もない。四月から三月まで、同じような形が動かずにある。なるほど月々に季節のものが飾られはするが、それは文字どおり飾られているにすぎない。子どもに語りかける何物も感じられない。

その上、ここにも「いけません」が、充満している。子どもは、ただそこにいるだけで、動くのは保育者の指示があった時だけである。つまり保育室が、ほんとうの意味でも生活の場にはなっていないのである。

すべてに、こうして検討を加えていくと、問題は少なくはない。「あるのか」「ないのか」という論議よりも、「どうとらえるのか」「どう子どものものとして生かそうとするのか」という方向で取り組むべきであろう。

別の言い方をすれば、〝環境〟のとらえ方はその園の性格（保育の方向）をあらわすということができるであろう。もう一歩ふみこんで言えば、その間の理念を、具体的な姿で表現していると言っていい。そうした観点から、足元をみつめなおす必要があるのではないだろうか。

〝教材〟(活動)をとらえなおす

保育内容を考える時〝なにを〟には関心をもつが、〝なぜ〟を考えることがないのは問題である――と前のところで言った。しかし、それは〝なにを〟子どもたちのために用意するかということを軽視しているからではない。なにを、どのようにとりいれてもいいと言っているわけでもない。

なにを、保育内容として組みこむかということは、保育の意図や方向に深くかかわるものであるから、十分に検討、吟味しなければならないのは当然なことである。

〝教科書問題〟がおこった時(現在もまだつづいている。解決されたわけではない)、小学校の一年生の国語の教科書に、『おおきなかぶ』や『かさじぞう』をとりいれているのは、適当ではないと一部政治家が主張したことがある。子どもたちにイデオロギーの異なる国の民話や、貧乏物語を教えることは、教育の中立性を歪ませ、偏向する教育だというのが、その論拠であった。こうした考え方や、解釈こそ、きわめて偏頗なものであり、偏向のそしりをまぬがれうることのできないものといえるが、教材の選択の基本がその人の価値観、世界観によるということを、きわめて鮮明にした実例ということはできるだろう。いずれにしても〝なにを〟を考える時、必ず〝なぜ〟が裏打ちされていると考えるべきである。

現実には、どうなっているのだろうか。教材(活動)を選択する時、どの程度の検討、吟味が加えられているだろうか。なかは慣例にしたがっている、あまり意識していない、そうした答えが返ってくるような気がしないでもない。「ちょっとおもしろい」「かわいいから、いいのではないか」こうしたことが、選択の基準になっていることが、少なくないのではないだろうか。

ある園のお遊戯会で白虎隊の剣舞をみせられたことがある。完全な扮装をし、化粧をした子どもが、詩吟にのって舞ったわけである。ある人は感嘆し、ある人たちは唖然とした。これに似たことにあちこちであうことがある。これほど極端ではないにしても、テレビの漫画のテーマソングや流行している歌謡曲が、保育室から流れてくることも、珍しくはない。「子どもが喜ぶから」「ちょっとおもしろいから」からはじまって、「見ばえがするから」。いずれをとってみても、保育者が、ちゃんとした考えをもっているのか、しっかりした立場にたっているのかと疑ってみないわけにはいかない。

教材（活動）選択の第一の鍵は、保育者の価値観にあると言わなければならない。

つぎのポイントは、その教材（活動）がもっている質をとらえることである。

〝かくれんぼ〟をとりあげてみよう。子どもたちがよくやる遊びで、別にむずかしいルールがあるわけのものでもない。しかし、よくみると、年齢の低い子どもたちは、ほんとうに楽しんでやっているようにはみえない。ただ形をなぞってくりかえしているだけで、保育者が、そうとう深くかかわらないと、進行しないと言っていい。

単純にみえるが、〝かくれんぼ〟は、仮定し、推理していく、どちらかといえば知的な要素の強い遊びなのである。「あそこにかくれると、みつかりそうだから、ここにしよう」「あの木の後には、たぶんかくれているだろう」「〇〇ちゃんは、いつもあそこにいるから、きょうもいるだろう」いずれの場合も、行動する前に、これから行動することを頭の中で組みたて、それが当たる、当たらないを楽しむことが、遊びのおもしろさの中核になっているとみなければならない。年齢の低い子どもたちは、まだ仮定し、それに即して行動することはできないし、そのおもしろさをとらえることは不可能なのである。

もし楽しんでいるようにみえるとすれば、偶然の成功を喜んでいるにすぎないと言っていい。この段階の子どもたちともしこの遊びをするならば、子どもたちが、とらえられる質のものに組みかえていかなければならない。たとえば、ひとりがかくれる、みんなでそれをさがす。〝先生さがし〟〝○○ちゃんさがし〟にするか、人形やおもちゃをかくして、みんなでさがすようにする。仮定であるにしても、的がひとつになり、〝さがす〟という行動が単純になり、そこに偶然という要素が加わっても、みんなの遊びとして成立する可能性が生まれてくるわけである。

このように、その教材（活動）の質を的確にとらえることができれば、それが、子どもたちにとって、どんな意味があるのかということも、とらえることができる。

子どもの本質的な興味、関心との接点が、みえてくるだけでなく、子どもの発達とのかかわりも正しくとらえることができるようになってくるであろう。

また指導の方法や、手だては、教材（活動）を正確に分析し、本質をとらえることによって、はじめて、客観性のある地についたものになるということも言いそえておきたい。

〝記録〟を考える

実践記録をどうとらえ、どう読むかは、保育をたしかなものにしていくひとつのきめ手になると言っていい。

実践の結果は、なんらかの形で記録されるはずである。保育日誌もそのひとつであろう。ひとによっては、子どもごとの個人記録をとっていることもあるだろう。ある時には、実践の流れにそってまとまった記録をとることもあるだろう。ほとんどの人が、実践を記録にとどめているわけであるが、そうした作業も、その結果が、どれだけ生かされているのかを見直してみると、あんがい、「ただ記録するにとどまっている」という思いしか残らないのではないだろうか。

「なぜ、私は記録をのこそうとするのか」という出発点の確かめが、あやふやなまま、形式的なしごととしておこなわれていることが多いのではないだろうか。

記録は、ただ義務として、あるいは保育の仕事上のノルマとして形式的にはたす作業であってはむなしい。第一に保育実践の自らのものとして、自らの中に組みこむための作業でなければならない。実践の中にいる時は、その流れの中に埋没しがちである。集中し、うちこんでいる時は、なおさらである。その中で、冷静な自分をもうひとりおいて、自分の実践をみることはむずかしい。しかし、一面、保育には（どんなことでもそうであるとも言える）、そうしたあり方が必要なのである。実践する自分と、それをみつめる自分。そこにたどりつく過程として〝記録〟するという作業があると言っていい。

実践を思いかえし、できるだけ、具体的に事実を記録する。修飾的な言葉や観念的な自省の言葉は、事実を歪曲させがちである。事実があくまで事実として記録されることが大切なのである。

記録されたものは、読まれなくてはならない。読むことによって、自分の実践を、客観化するとともに、自らのものとして組みこむ作業がおこなわれる。自分の予測と、実践のずれ。予測の不徹底が発見されることもあるだろうし、方法のまずさがみいだせることもある。そうした問題だけではない。予測しえなかったすぐれた結果が、あざやかに浮かびあがってくることもある。

自己点検、自己評価は、保育をすすめる時に欠くことのできないポイントである。もし日常のいとなみの中で、このポイントをさけてとおるとしたら、それは惰性だけの、日程消化のためのしごとに落ちこんでしまうであろう。それは保育という名にはあたいしない。

自己点検、評価をつみかさねることによって、実践は、たしかな仮説をもつものにたかまっていくはずである。方向がみえ、方法もとらえられてくる。

なによりも、大切なことは、子どもがみえてくるはずである。記録の主軸になるものは、子どもの動きであり、反応である。行動や言葉をとおし、子どもたちが、なにをなし、なにを発見し、なにをしようとしなかったかが、明らかにならなければ、全体の流れがいかに克明に書かれていようと記録の色彩は薄れたものになるであろう。記録をとおして、私たちは、子どもをみつめ、さまざまな事実を発見していくように努めなければならないのである。

記録を手がかりに、自己点検をし評価をするといったが、これを自分だけの枠の中にとじこめてはならない。それはいつも、仲間の前に提示されなければならないし、仲間とともに〝読みあう〟ことがなされなければならない。

記録された結果は、自分のものであると同時に、保育者集団の共有物になることが望ましい。実践→記録→分析・評価→実践という、いわばエンドレスのいとなみによってその園の保育計画が形成されていくと考えてほしい。(これは、この章のはじめに述べたはずである)。

こう述べてくると、記録するという作業が、なにか重く、容易に手がだせないことのようにうけとめるむきがあるかもしれない。たしかに手軽るにかたづけるといった質のものではないが、と言って手がつけられないものではけっしてない。

まず、メモからはじめる。いわば絵でいえばスケッチ、クロッキーからはじめるべきであろう。断片的でいい。目をひき、心にとまったことをノートする習慣をつけるようにしたい。くりかえして、積みかさねていくことで、自然に記録をとという態勢が、身についてくるのである。なによりも〝みる目〟がつくられていく。

第二の段階は、課題をもった記録をとることを考えるようにしたい。課題をもつということは、保育に焦点ができるということにもなる。漠然と取り組むことが許されなくなると同時に、実践を検証する視点がはっきりしてくるということになるであろう。

このようにして、記録→検証→実践という図式が、日常のものになるとともに、体質化していくと言っていいのではないだろうか。

実践を活性化するような記録が、ほんとうの記録なのである。

Ⅳ　ひとつの保育者論

――むすびにかえて――

その出発

〝専門性〟とか〝専門職〟とかいう言葉がしきりにつかわれる。保育、教育にかかわるものの資格、資質が問題にされる。とくに最近では、その吟味をさらにきびしく、関門をせまくし、〝質の向上〟をはかろうとする傾向が強くなりつつある。それが、子ども、または社会の将来にとって、よいことだと考えているわけなのであろう。それなりの理由があり、効果もあるだろうことは理解できる。

しかし、はたして、それだけなのだろうか。

私の目の前に、だれもがしっている偉大な教育家と言われる人の足跡をしるした本が何冊もある。われわれは、その中から、自分たちの歩く道をてらす灯火をみいだし、よりどころにして、その人の思想を学びつづけてきたわけである。

ところが、〝その人たち〟のすべては、ライセンスを手にした教師ではない。今でいう専門家ではないのである。時代が違うと言えばそれまでであるが、そう言って片づけてしまえないなにものかを感じないではいられない。

「教育は、素人にでもできる。教師の手にだけあると思うのは、一種のおごりにしかすぎない」という言葉をきいたことがある。私は、これに共感できる。

専門家としての資格を与えられ、職業としてなりたつようになって、かえって、この仕事は、不明確な部分が増幅され、そのために原点が風化してきたのではないかとさえ思える。質を高めるという時に、その〝質〟が、ためにする一部のものの意図によって限定され、計量されることになるとすれば、その状況は、さらに悲惨なものになると言っていい。

話をもとにもどそう。

〝その人たち〟は、資格をもたなかった。

しかしその人たちは、自分の前にいる子どもたちに対して、なにごとかをしなければならないという使命感をもっていた。論理をこえた情熱によって行動したのである。ときにはそれは、子どもを歪ませているものへの憤りであり、怒りでさえあった。それに挑戦することの結果を、その人々は計算しはしなかった。世の中の称賛はおろか、承認すらえられないことを、その人々は知っていたのである。しかし〝なそうとした〟のである。

願望、意志、そしてその人を支える思想が、太い骨格として〝教育〟といういとなみをつくりあげていることを、あらためて感じるのである。

われわれは、身近にも、同じような人たちを何人かみいだすことができる。

「私は、教育には素人ですが」という園長がいる。たしかにこの人は、正式の養成機関をでてきた人ではない。それまでは、教育とは縁遠い職業についていた人である。

自分が育ち、暮らしている地域が、変化していくとともに、子どもらの生活も変貌していく。遊び場もなくなり、子どもらが孤立し、表情を失っていく。自分がいまかろうじてもっている土地と財力と、体力をそのために使うことはできないかと、その人は幼稚園をつくった。失われていくものの中で、失われてならないものを、その中で蘇生させようと努めている。精緻に組みたてられた理論や教育計画はないにしても、ここでは、子どもは生きて生活し、確実に育っている。いま必要なのは、こうした〝原点〟の確かめではないだろうか。

おとなとしての子どもへの願いと、子どもを歪ませていこうとするものへの憤り。そして、それへの挑戦する行動への意志がなくては、まともに、教育を考え、教育を語る〝資格〟がないと言えるであろう。

〝資格〟は、行政が交付した一片の証書によってできるのではなく、子どもが、われわれを認めることによって生まれるものだと思わなければなるまい。

形成されるもの

自分自身を省みてみる。

一口でいえば、まさに無惨、支離滅裂の道程だったと言っていい。

前のところで言った意志や情熱があって、子どもの前に立ったわけではない。その意味では、まさに〝無資格者〟であったわけである。一般に言われる子どもが好きだということもなかった。むしろどちらかといえば面倒な存在という気持ちのほうが強かった。簡単に言ってしまえば、生活のひとつの手段にすぎなかったのである。一時〝でも・しか教師〟という言葉がつかわれたことがあるが、まさにそれであったと言っていい。

しかし、見方をかえれば、生きる、あるいは生活するということは容易ではない。ただ飯をくい、生命を維持する、それに必要な最低限の資を求めようとするだけならば、さしたることはないかもしれないが、人間はやはり人間である。どこかで生きるあかしを求めたくなるものである。いましている〝しごと〟に正対しないわけにはいかない。いやでも、子どもが目に入る。自分の描いていたものとずれたとまどい、いらだつこともある。その背景にある親との接触が、あらたな問題を生みはじめる。同僚との考え方の違いにもぶつかる。どれひとつとってみても、自らの中にあるもので、即応し、解決できるといった質のものはない。

自らが〝生きる〟ためには、こうした課題のひとつひとつに挑戦しないわけにはいかない。もしそうしなければ、自らの存在を、自らが否定することになる。敗北の道、逃避の道をとりたくなければ、前に歩けと、自らの中の、〝人間〟が命令しつづける。

〝教える〟ということは、一時放棄しないわけにはいかない。子どもとの格闘の中からできるだけ多くのものを、発見し、ひとまず吸収するよりほかない。親との対決の中で、彼らの生活の基盤をさぐりあて、そこに足をおくことを探究するほかない。同僚とのたたかいのためには、どれだけこちらが、事実を多く積み重ね、それを説明する理論を身につけるかである。

能力や資質などを考えているいとまはない。ただ一日一日を、血をたぎらせながら歩くことしか考えられない。そんな毎日であった。

〝でも・しか〟だという負い目、素人同然という自覚は、かえって自らの容量を大きなものにする。既有の財産を多くもつ人が、組みこもうとしないことまで、驚きの目でみ、一種の感動でくいつくすことができる。

あの異臭をはなつ堆肥を、貪婪に吸いつくして育つ作物のように、問題にみちた現場が私を育ててくれたと思っている。

おもしろいことには、最近あった何人かの、われわれの先達でもあるすぐれた保育者と話しあったら、そのほとんどの人は、「はじめは、この道で生きようとは思わなかった」と言うのである。ひとりは画家をめざしていたというし、ひとりはともかく自立したいためにと言った。

その人々が、すぐれた保育者としているのは、その中から、学び、そしてその中に生きる自らを発見したからなのではないだろうか。

はじめに述べたように、その出発点を問うことは重要なことである。しかし凡庸なわれわれには、その第一歩を出発点にすることはむずかしい。

どこで、その出発点をみいだし、踏みだすかは、人によって異なるかもしれない。しかし、道程のどこかにそれがないわけはない。それをとらえることができるかできないかによって、ほんとうに子どもとともに生きられるか、どうかがきまるのではないだろうか。

〝ちから〟は、あるのではない。つくられていくものだと言っていい。

自らを固定して考えたり、たまたま手にした〝教条〟を護符として、それに固執したり、いささかの能力とか資質を自らを守る殻のように考えているようでは、子どもから離れていくのは当然である。

保育者も、親も、子どもと一緒に育っていくべきものなのである。

創造のいとなみ

北欧の児童公園。子どもたちがそこに来て自由に遊べる遊び場づくりが、この地域でさかんなことは周知の事実である。その機関が子どもに人気のあるプレーリーダー、つまり子どもたちの遊びの相談相手になったり、ときには指導もしてくれる人たちの調査をしたことがある。その結果人気があったプレーリーダーの前身を調べてみると、演劇人、両家、大工、船乗りだったという。そして最も不人気なのは、元教員という皮肉な結果がみられたという話を聞いたことがある。

精細に分析してそれを読みとる材料はない。きわめて大まかな、しかも直感的なとらえ方で、主観にすぎるというそしりを覚悟の上で言えば、次のように言えるのではないだろうか。

その人々は、なんらかのかたちで〝創る〟ことにかかわり、そのねうちや楽しさを身につけている人たちだとみられる。船乗りは、いつもより広い世界に向かって進む生活を経験してきた。多少質は違うが、その底で結びつくものが感じられる。

子どもたちが求めるおとなの姿や体質が、うかがえておもしろいと、その時にも感じたことであった。

保育にも、教育にも、安定した動かない雰囲気、あるいは状態が必要である。また、子どもたちに、一定の文化を伝承していかなければならないという使命と、はたらきがあることもうたがえない事実である。

こうした要素が、ともすれば、子どもたちの生活に殻をつくり、動かしがたい軌道をつくってしまい、停滞、澱み、倦怠をうみだす危険をもつ。

子どもたちは、そうした危険をからだ全体で感じとっているのである。演劇人や画家や大工に心をよせるのは、そのあかしなのではないだろうか。

活気のあるクラスにであうことがある。別に変わったことをしているわけではないが、そのクラスの子どもはいつもいきいきしているし、生活も充実している。

そのクラスの担任をしばらくおってみる。その人は、いつも子どもとともに発見し、子どもとともに考えている。ときには、子ども以上鋭くみつけ、それを子どもらの中に伝える。教えるためというよりも、彼女自身のこととして自然にそうしているのである。それが、生活を前進させるエネルギー源になっているとみることができる。

〝創る〟ということは、変わったことをみつけ、まったく新しいものを生活の中にとりいれるということではない。特殊な才能や資質がないとできないことでもない。生活の中から、みいだし、それを、生活の体系の中に組みこみ、それを前進させることとも言える。(〝創造〟については、第二章で述べた)。

この保育者は、子どもたちとともに、いつも新しい世界にふみこもうとしているのである。それとともに保育者自身が変化し、前進しているということができるのではないだろうか。

子どもたちは、そうしたおとなに魅力を感じ、期待している。

もう一歩、ふみこんでみよう。

「教育は、究極において芸術である」と言った人がある。いくつかの解釈ができるかもしれない。私は〝芸術〟を創造のいとなみととる。自らのすべてを表現する行為とみている。教育を定められた内容を、ただ子どもたちに伝えることととれば、〝芸術〟とは、縁遠いいとなみと言えるだろう。

画家が、絵をかくことによって、自らの中にあるものを表現し、多くの人々に伝えようとするように、保育者は、子どもたちとの生活の中で、自らのうちに湧きあがる願いや、思いを表現し、それを具体的な形にしていこうとしているのではないだろうか。保育が、ひとつの創造活動だと言いうるのは、そうした姿勢をもつ保育者がいることで、はじめて成りたつと言うべきである。

保育者が創造者としての姿勢を捨てた時、保育は硬直する。形はどれだけ整っていても、それは、内容のない空虚なものになってしまうであろう。

人間として生きる

保育者が、まず人間でなければならないということは、最近はひとつの常套句になっている。考えようによっては、保育者が、人間であることはあたりまえのことである。人形でもなければ、機械でもないし、犬でも猫でもない。それでありながら、わざわざ〝人間〟であることを強調しなければならないのは、どうしてなのだろうか。

ともすれば、人間ではなくなる危険があるからなのだろうか。あるいは、ほかの仕事以上に人間であることが求められるからなのだろうか。

前者、つまり〝人間でなくなる危険〟が、はたしてあるのだろうか。自らを省みても、そうした危険は、多分にあると思わなければならない。

「困った子」が、話題になることがある。〝落ちつきがない〟〝ひとつのことに集中できない〟〝集団に入れない〟〝話をしない〟、ときには〝偏食だ〟〝指しゃぶりがなおらない〟など、理由はさまざまであるが、ともかく〝困る〟ととらえ、なんとかしなければならないと考えているわけである。これが年齢が高くなれば、〝勉強ぎらい〟〝抵抗〟などが加わり、〝非行〟にエスカレートし、〝落ちこぼれ〟〝不適応〟の子どもたちを多数生みだし、なんとかしなければが、消えてしまい、「あの子どもたちはどうにもならない」と、排除しようとする傾向に流れてしまいがちである。まったく同じではないが、その根は、ひとつだと言っていい。

「困る子」という時、おとなの側には〝困らない子〟という像が描かれている。というよりも、常に〝望ましい姿〟があると言っていい。理想があり、願望をもつことは誤りではない。むしろ望ましいことだというべきであろう。しかし、そこにおとし穴が用意されていることも見のがせない事実である。

子どもの典型をかく。典型はともすれば、実在しえない姿になる。と同時にそれがひとつの規格となり、鋳型に変形していく、生身の子どもを、その規格、鋳型におしはめて、そのはみだした部分を削り、切り落とそうとする。

なんとかしなければと思えば思うほど、視野はせばまり、鋳型は冷たく、固くなる。

人間としての視点が喪失する。
人間として子どもをみることが失われると一緒に、保育者自身が人間であることを忘れはじめる。自分自身が、人間として完全であると盲信し、自分の思いにはまらないものは、すべて否定し排除しはじめる。意識することなく、しらずしらずに、そうふるまってしまいがちなのである。そうした人々は子どもをみる時、ともすれば、子どもらを裁くことが、自分の天職だと錯覚するようになる。いつも、そう身構え、子どもを凝視する。

「あの子はすばらしい」「あの子はだめだ」と判定することが、自分の務めだと思いこんでいる人々が、けっして少なくない。それをしないものは、むしろ怠惰なのだという人さえある。しかも、そうした人は、子どもの一面しかみていない。

保育、教育の起点は、子どもを受けいれることにある。そして、それが究極であるとも言える。子どもが〝よい子〟だから受けいれるのではない。困ったところがあるとみても、それをふくめてのすべてをまず受容する。人間であるがゆえに、人間として受容するのである。こう言えば、ある人は、それはあまりにも、無責任なあやふやな態度にすぎないのではないかと言うだろう。きびしさのたりぬ、甘やかしの姿勢だと非難するであろう。そう受けとれないこともない。しかしそう誤解する人は、受容を、妥協や、あきらめと混同しているわけである。認め、受容するということは、けっして安易な姿勢でやれるものではない。子ども（子どもに限らず人間のすべて）と対した時、われわれはいつも素直にそれを受けいれることができるだろうか。そうではないはずである。抵抗を感じることがある。拒否反応がおこることもある。正直に言って嫌悪感をもつことさえある。認め、受容するためには、そうしたことを克服しなければならないわけである。葛藤がおこる。自らとの闘いもある。それに耐えてはじめて、その子どもが、自らの中に位置づき、また子どもの中に自らが生きはじめたことが意識されうるのではないだろうか。

この境地では、もう子どもが、完全であることを求めようとはしないはずである。ありのままの子どもが、人間として意義をもち、価値をもつということが、見えはじめる。典型でないがゆえに、可能性をもち、常に前進しうるという人間の本質にほんとうにふれることができるのである。

ともすれば、人間であることを忘れがちであると言い、そのために人間を人間としてみる姿勢が失われがちだと言ってきた。人間を人として受けとめるためには、理性も、知性もとぎすまされることが必要だ。強く安定した意志が求められることも論をまたない。

しかし、そうしたものの底に、豊かで、しなやかな感性のあることが、何よりも必要なのではないだろうか。観念の虜になれば、感性は喪失する。表情のない、心の動きの乏しいおとなを、子どもたちが歓迎するわけはない。

私たちが、子どもたちとともに、その世界に生きていこうとすれば、なによりもまず人間らしい感性を失わないように、そして心の奥で、静かに育てつづけることを心がけるべきであろう。

そして私たちが、子どもとともに生き、育っていこうとすれば、なによりも人間らしく生きることが、究極の課題にならなければならない。人間としての幸せを、人間としての楽しさを、人間としてのなすべきことを追究しつづけていくことが、私たちに課せられた終章のない命題だと言っていいのではないだろうか。

究極にあるもの

くりかえしになるかもしれない。あえて最後に加えておきたいことがある。

保育や教育の世界でも〝管理〟が問題にされることがある。子どもに対する管理については、すでに述べた。管理主義が、子どもを袋小路においこみ、歪んだものにしているかは、その時にあきらかになった。

ところで、管理されているのは、子どもたちだけではない。おとなたちもだ——と言われている。

「なんとかしたいのだが、なにしろきまっているので」という言葉が、あきるほどきかされる。教育の現状が語られる時（たとえば、子どもの学習不適応が、なんとかならないかということが話題になった時）きまったようにでてくるのは、そうした言葉である。現代の社会には、さまざまな規定があり、法規がある。日常の行動は、なんらかのかたちでそうしたものに左右され、枠づけられていることは確かである。〝きまっている〟ことから、まったく離れて生活し、行動することが不可能なことは、言われるまでもない。

しかし「きまっているのだから、どうにもできない」ということになれば、問題は別である。しかも「なんとかしたいのだが」ということが、その前につけば、どうしてもききのがし、素通りするわけにいかなくなる。

なんとかしたいという願望や意志を「きまっているのだから」という言葉でねじふせて、「どうにもできない」という居直りの姿勢でごまかしているとしか言いようがない。もともとなんとかしたいという願望や意志も、脆弱なものでしかないのであろう。それも問題である。しかしそれ以上問題にしなければならないのは、結果を他に転嫁して平然としている姿勢である。できないのは、自分のせいではなく、〝きまり〟であり、そのきまりをつくったのは、自分ではないと言い放っている。

〝自己〟は、ここでは完全に放棄されている。人間としての、きわめてみじめな状態に自らをおいていることに気づかなければならない。

私たちは、子どもたちに、自らのちからで取り組むことを願ってきた。自らの意志であゆめと言ってきた。自分の目でみ、自分の頭で考え、自分の手でつくれと教えてきたはずである。管理され、それに盲従するのは人間としてのほんとうの生き方ではない。そうしたことを求める状況が、自分のまわりにある時には、それに抵抗しなければならないと考えるようになってほしいとも念じてきた。

ほんとうにそれを願い、子どもたちをその方向に進ませようとするのならば、保育者がまずそうでなければならないことは、あたりまえのことである。

ほんとうの自由をおいもとめる。その自由とともにある責任のきびしきを全身で感じる。それがいま、私たちの世界で稀薄になってしまっているのではないだろうか。

いかにその世界がみごとに構築されているようにみえても、そこにほんとうの自由がないとすれば、そこは人間の生きる世界ではないのである。子どもとともにあるものは、常に、その真実を求めつづけるものであってほしい、ありたいと願う。

あとがき

葛折《つづらお》りの道という言葉があるが、まこと二重の意味で、そのとおりであった。もともと、私自身の生きてきたありようが、直線の大道を闊歩してきたという態ではなく、茂みの中をかきわけての曲折の歩みであったから、さて自分の、今思い考えていることを、書きとどめようとすれば、その様態に沿うよりほかないのは、至極あたりまえのことになる。

筆をもちはじめた時には、なにかひとつまとまった構図の作品がかけそうにも思い、とりかかってみたが、部分部分に手をつけてみると、それぞれの部分が気になりはじめ、ときには肥大し、時には自立をはじめ、バランスをかくこともしばしばであった。何度も絵の具をけずりなおし、かきなおすという仕儀になり、徒らに時間を費すことになってしまった。

それは、私自身の力量の不足が、原因であることはいうまでもないが、それぞれの部分が、独立して十分な価値をもつ内容をもっていることにも原因のひとつがある。もし、力と時間が与えられることがあれば、そうした仕事にチャレンジしてみたい衝動にかられている。

したがって、各節は、いわば、そうしたものの〝序章〟ということになってしまった。それぞれの大曲の序曲集というものがあるとしたら、それにあたるものと考えていただければ幸いである。

一応、第一章は、幼児教育の方向について語ったつもりである。仲間たちとも常に語り合い、また時折書きもしてきたことを核にまとめてみた。拡大していけば、何日も徹宵して話し合わなければならないし、紙数にすれば、また数百枚が必要になるだろう。その機会がほしい。

第二章は、幼児教育の現場でも耳にし、いろいろな本でもみられる、言葉＝内容を、拾いあげていった。完璧を期すつもりはなく、追究していく緒を求めたにすぎない。思考の未熟と、実現把握の不徹底を指摘されることが少なくないだろう。もちろんこれは結論でもなければ、総括でもない。その入口で、私自身が興奮し、楽しんでいるといった態のものである。さらにふみこんでいきたい。

第三章は、かつて書いた『幼児教育の計画』とかかわる部分である。この本はもう、一〇年版を重ねた。一応の停年と考え、版を絶った。あらたに手を加える作業にかかっている。ここで、さらに具体化したいと思いながら、その骨格の一部を述べるにとどめた。

そして最後に、保育者にふれてみることにした。何人ものすぐれた人々にゆきあっている。反面、心を寒くする現実もある。これだけの紙数で、語りたいことの全部を語ることはできない。あらたな機会が与えられることを願っている。


はじめに言ったように〝葛折りの道〟。すぐ前にみえている頂にたどりつくのに、思わぬ時間をとった。道程が長かっただけではない。生来のなまけ者。途中座りこんで、息をついたり、まわりの景色に心をうばわれてぼんやりしていた時間が、あまりにも多かった。

もし、忍耐づよく、待ってくれた仲間がいなければ、この本は、まだ私の部屋の隅で挨をかぶっていたであろう。ことに、産婆役の誠文堂新光社出版部の東谷昇さんには、言いつくせぬ迷惑をかけてしまった。お礼とお詫びを一緒に申しあげる。

とともに、ともかく読みとおしてくださった諸賢には、深く感謝しなければならない。ご叱正いただければ幸いである。

一九八三年九月

久保田　浩

本書は、一九八三年十一月、誠文堂新光社より題名「根を育てる思想」として発行されたものに若干の修正を加え新版として発行したものです。新読書社・編集部

著者紹介

久保田浩（くぼた　ひろし、1916-2010）　1916年、奈良県生まれ。1936年、奈良県師範学校専攻科卒。元白梅学園短期大学教授。
戦前から小学校の訓導を務め、戦後新教育期には奈良県師範学校女子部付属小学校（吉城学園）にて「吉城プラン」を展開。1950年から、コア・カリキュラム連盟の海後勝雄氏の誘いにより、新教育運動に参画し、和光学園に勤務。和光学園では4部制（1部＝幼稚園～小学2年、2部＝小学3～5年、3部＝小学6年～中学、4部＝高校）を提案し、主に幼稚園小学部長を務めた。1965年から白梅学園に着任し、保育科教授とともに、1974年まで附属白梅幼稚園の園長も務めた。1980年から幼年教育研究所を創立し、所長に就任。1988年より白梅学園短期大学名誉教授となる。一貫して、実践の場に依拠しながら、生活と遊びを軸にした幼児教育の展開を求めた。

（主な著書）・『奈良吉城プラン・生活カリキュラムの実践－単元の展開』（育英出版、1949）　・『日常生活課程－子どもの学校を育てた記録』（誠文堂新光社、1951）　・『幼児教育の計画－構造とその展開』（誠文堂新光社、1970）　・『あそびの誕生』（誠文堂新光社、1973）　・『新　幼児の絵』（誠文堂新光社、1979）　・『よい幼稚園・保育園とは－子どもにとって園とは何か』（教育史料出版会、1983）など

幼年教育研究所

幼稚園・保育園等から園長や保育士、教員が集まり自ら実践研究をする会。
「保育者と子どもの未来を語る会」「夏期大学」なども開催。
事務局：東京都八王子市のなかの幼稚園（https://www.nakano-kd.ed.jp/）。

新版　根を育てる思想～子どもが人間として生きゆくために～

2020年5月6日初版1刷発行

著　者　久保田浩
編集協力　幼年教育研究所
発行者　伊集院郁夫

発行所　㈱新読書社
〒113-0033　東京都文京区本郷5-30-20
TEL 03-3814-6791　FAX 03-3814-3094
http://shindokusho.jp

印刷製本　㈱Sun Fuerza　　組版　リュウズ
ISBN978-4-7880-2153-2

●新読書社の本（価格表示は税別）

昭和戦中期の保育問題研究会～保育者と研究者の協働の軌跡
松本園子著　二〇〇四年度日本保育学会文献賞受賞
A5判　上製　七六〇頁　本体九二〇〇円

証言・戦後改革期の保育運動～民主保育連盟の時代
松本園子著　二〇〇五年度日本幼児教育学会「庄司雅子」賞受賞
A5判　上製　四一五頁　本体三五〇〇円

手技の歴史～フレーベルの「恩物」と「作業」の受容とその後の理論、実践的展開
清原みさ子著　二〇一五年度日本保育学会文献賞受賞
A5判　上製　四八六頁　本体七〇〇〇円

日本における保育園の誕生～子どもたちの貧困に挑んだ人びと
宍戸健夫著
A5判　並製　三七八頁　本体三二〇〇円

日本における保育カリキュラム～歴史と課題
宍戸健夫著　二〇一六年度日本保育学会文献賞受賞
A5判　並製　三〇二頁　本体二七〇〇円

「保育要領～幼児教育の手びき」を読む
荒井　洌著
A5判　並製　一一八頁　本体一七〇〇円